会计基础模拟实训

主 审 罗保国
主 编 李树斌 欧晓燕
副主编 何华姿

北京理工大学出版社
BEIJING INSTITUTE OF TECHNOLOGY PRESS

内容简介

为了切实提高学生的会计职业操作技能，方便教师在教学时采用"教、学、做"一体化教学模式，特编写本书作为《会计基础》的配套教材，突出会计核算的仿真性，突出初级模拟的实际性，突出模拟实训的系统性。

本书共有五个项目，分别为：填制与审核原始凭证实训、填制与审核记账凭证实训、登记会计账簿实训、编制会计报表实训和综合模拟实训。前四个项目在第一学期实训，配合《会计基础》教学；项目五——综合模拟实训在第五学期学生顶岗实习前模拟实训，实训者通过系统地模拟演练两次，能够更好地掌握会计核算基本技术。

本书不仅可以作为中职中专财经管理类各专业的教材，而且可以作为会计初次从业人员的实操培训教材。

版权专有　侵权必究

图书在版编目（CIP）数据

会计基础模拟实训/李树斌，欧晓燕主编.—北京：北京理工大学出版社，2018.8
ISBN 978-7-5682-5886-9

Ⅰ.①会…　Ⅱ.①李…　②欧…　Ⅲ.①会计学－中等专业学校－教材　Ⅳ.①F230

中国版本图书馆CIP数据核字（2018）第153728号

出版发行 / 北京理工大学出版社有限责任公司
社　　址 / 北京市海淀区中关村南大街5号
邮　　编 / 100081
电　　话 / （010）68914775（总编室）
　　　　　（010）82562903（教材售后服务热线）
　　　　　（010）68948351（其他图书服务热线）
网　　址 / http：//www.bitpress.com.cn
经　　销 / 全国各地新华书店
印　　刷 / 定州启航印刷有限公司
开　　本 / 787毫米×1092毫米　1/16
印　　张 / 12　　　　　　　　　　　　　　　责任编辑 / 王美丽
字　　数 / 279千字　　　　　　　　　　　　　文案编辑 / 孟祥雪
版　　次 / 2018年8月第1版　2018年8月第1次印刷　责任校对 / 周瑞红
定　　价 / 30.00元　　　　　　　　　　　　　责任印制 / 边心超

图书出现印装质量问题，请拨打售后服务热线，本社负责调换

前言

中等职业教育会计专业的培养目标是培养应用型的会计人才。会计专业是应用性、可操作性和规范性很强的专业,不仅要求学生掌握一定的专业知识,而且要求学生掌握实际工作所需的操作技能。为了适应新时期我国市场经济对会计专业应用型人才的需求,落实教育部《关于进一步深化中等职业教育教学改革的若干意见》和《关于制定中等职业学校教学计划的原则意见》,本着"以就业为导向,以技能为本位,以学生为主体"的原则,由长期从事中职会计专业教学的教师和长期从事会计工作实务的高级会计师共同开发会计基础课程。本课程是财经管理类各专业的必修课程,也是会计、会计电算化、财务管理及相关专业的专业基础课程和核心课程,其全面、系统、科学地阐述会计基本理论知识和会计核算的基本技术。为了体现"知识够用,技能为重",切实提高学生的会计职业操作技能,方便教师在教学时采用"教、学、做"一体化教学模式,特编写本书作为《会计基础》的配套实操教材。

教材是教师授课的基本依据,是学生学习的基本材料。教材之于教学,无异于工具之于生产劳动。"工欲善其事,必先利其器。"我们一直在努力编写并提供适合中职学生学习特征的教材。为此,在本教材编写过程中我们力求做到:

1. 突出会计核算的仿真性。按照财政部颁布的《会计基础工作规范》和《企业会计准则》的要求,进行会计核算全过程的模拟实训,学生应学会填制和审核原始凭证，填制和审核记账凭证，编制科目汇总表，登记账簿和编制会计报表。原始凭证单面印刷，便于实训时裁剪下来，附于记账凭证之后，突出会计核算的仿真性。

2. 突出初级模拟的实际性。本书所选经济业务比较简单，通俗易懂，可操作性强，学生边做边学，不仅有利于基础会计的学习，而且有利于财务会计等后续课程的学习。

3. 突出模拟实训的系统性。本书单项模拟实训所选用的经济业务资料前后一致，保证会计核算程序的连贯性，从而增强学生对会计核算过程的了解。通过综合模拟实训，第二次运用会计核算基本技术，全面系统地进行模拟演练，效果会更好。

本书共有五个项目，分别为：填制与审核原始凭证实训、填制与审核记账凭证实训、登记会计账簿实训、编制会计报表实训和综合模拟实训。实训者能系统地模拟、演练两次，更好地掌握会计核算基本技术。本书不仅可以作为中职中专财经管理类各专业的教材，而且可以作为会计初次从业人员的实操培训教材。

本书由李树斌、欧晓燕担任主编，由何华姿担任副主编，由高级会计师、会计高级讲师罗保国负责拟定、编写大纲、总撰稿，并且作为本书的主审。各项目撰稿分工为：李树斌编写项目二、项目五，欧晓燕编写项目一、项目四，何华姿编写项目三和附录。本书在编写过程中参考了一些多年来在全国畅销的教材，在此一并对其表示衷心的感谢。

尽管在编写过程中，我们力求体现中等职业教育的职业能力特色，以满足新一轮职业教育教学改革的需要，但由于水平有限，疏漏之处在所难免，恳请读者朋友们不吝赐教。

编　者

目 录
CONTENTS

项目一 填制与审核原始凭证实训 …………………………………………………… 1
    任务一 填制原始凭证实训 ……………………………………………………… 1
    任务二 审核原始凭证实训 ……………………………………………………… 55

项目二 填制与审核记账凭证实训 …………………………………………………… 59
    任务一 填制记账凭证实训 ……………………………………………………… 59
    任务二 审核记账凭证 …………………………………………………………… 67
    任务三 编制科目汇总表 ………………………………………………………… 67

项目三 登记会计账簿实训 …………………………………………………………… 70
    任务一 设置账户实训 …………………………………………………………… 70
    任务二 登记账簿实训 …………………………………………………………… 75
    任务三 编制银行存款余额调节表实训 ………………………………………… 75
    任务四 错账更正实训 …………………………………………………………… 78
    任务五 期末转账与结账实训 …………………………………………………… 83

项目四 编制会计报表实训 …………………………………………………………… 88

项目五 综合模拟实训 ………………………………………………………………… 93

附录 会计基础工作规范 ……………………………………………………………… 170

参考文献 ……………………………………………………………………………… 184

项目一　填制与审核原始凭证实训

任务一　填制原始凭证实训

一、实训目的

任何一项经济业务的发生或完成都要取得或填制相应的凭证，否则空口无凭。填制与审核原始凭证是会计核算工作的起点，是会计工作的基本环节，也是会计核算的一项基本技能。通过本实训，学生能够明确原始凭证的基本内容，熟悉部分具有代表性的原始凭证样式，掌握填制原始凭证的基本操作技能。

二、实训要求

根据实训资料所给出的各项经济业务，按填制原始凭证的要求，正确填制与每项经济业务相关的原始凭证。

三、实训提示

为了熟悉填制原始凭证的基本要求，正确填制原始凭证，请阅读附录《会计基础工作规范》中第三章第二节"填制会计凭证"。

四、实训资料（资料纯属虚构）

云浮市兴云有限公司（以下简称"兴云公司"）是一家加工制造法人企业，经国家税务局认定为一般纳税人企业，增值税税率17%，地方税务局核定城市维护建设税税率7%、教育费附加3%，企业所得税税率25%（企业所得税实行查账计征，按季预缴，年终汇算清缴），税务登记证号：116678910105678，开户银行为中国工商银行股份有限公司云浮市城区支行，账号：0377668860。公司法人代表为张家铭，财务部经理为刘万阳，会计为实训者，出纳为李红梅，车间主任为杨民，专设销售部，经理为王力。公司地址：云浮市高新开发区8号，电话：0766-3456789。

2018年1月初资料见项目三总分类账户期初余额表（见表3-1）。原材料按实际成本法核算。产品成本按品种法计算。会计核算程序为科目汇总表核算程序。经核定的库存现金限额为3000元，不采用备用金核算。日常开支审批程序：部门主管初审签字——企业法人终审签字。100元以下日常开支审批程序：部门主管初审签字——财务主管终审签字。2018年1月发生如下经济业务：

1. 1日，从中国工商银行股份有限公司云浮市城区支行借入为期半年的流动资金借款100000元，用于生产周转，年利率12%，借款账号：0377668151，款项已入账。要求：填制银行借款借据。

2. 1日，收到本市阳光贸易公司开出的转账支票一张，归还前欠的购货款150000元。填制进账单一份，连同转账支票送交开户银行（阳光贸易公司开户银行：中国工商银行股份有公司云浮市城区支行，账号：1006623888）。要求：代对方填写转账支票，填制进账单。

3. 1日，出纳员李红梅开出现金支票一张，金额5000元，从银行提取现金，以备零用。要求：填写现金支票。

4. 2日，业务员李经国去乌鲁木齐参加商品展销会，填写借款单向财务部借支现金3000元，销售部经理王力批准。要求：代其填写借款单。

5. 3日，向云浮市明辉有限公司（地址：云浮市南京路100号，开户银行：中国工商银行股份有限公司云浮市城区支行，账号：1005500221，税务登记证号：112450012000330）购进甲材料300千克，单价80元，乙材料500千克，单价75元，材料已验收入库，增值税税率17%；开出转账支票支付（直接计入"原材料"账户，下同）。要求：代销货方填制增值税专用发票的抵扣联和发票联，填制收料单、转账支票。

6. 4日，向阳光贸易公司销售A产品200件，单价630元；B产品200件，单价400元；增值税税率17%，收到该公司开出的转账支票一张，支付价税款。要求：填写产品出库单、增值税专用发票、进账单，代购货方填写转账支票（阳光贸易公司地址：云浮市南阳路20号，税务登记证号：200112300223300，开户银行：中国工商银行股份有限公司云浮市城区支行，账号：1006623888）。

7. 5日，收到仓库保管员李宏海本月因责任事故的罚款258元，为其开出收款收据。要求：填制收款收据。

8. 6日，缴2017年第四季度企业所得税16500元。要求：取得缴税凭证。

9. 6日，向云浮市百货超市（小规模纳税人，征收率3%，纳税人识别号：445300512345123，地址、电话：云浮市城区育华路18号、0766—3180783，开户银行及账号：中国建设银行股份有限公司云浮市城区支行、445300686877）购买办公用品一批：钢笔10支，含税单价12元；圆珠笔20支，含税单价1.50元；笔记本20本，含税单价2元；行政办公室直接领用。用现金支付。要求：代百货超市填写普通发票。

10. 7日，向云浮市家具城（小规模纳税人，征收率3%，纳税人识别号：430105512345689，地址、电话：云浮市城区育华路78号、0766—3180888，开户银行及账号：商业银行股份有限公司云浮市长江分理处、1006600789）购买办公桌2张，含税单价360元；办公柜1个，含税单价520元，转账支付，直接领用。要求：代家具城开具普通发票，填写转账支票。

11. 10日，业务员李经国报销差旅费，时间8天，差旅费单据：火车票2张、每张金额488元；市内出租车车票12张，金额98元；住宿费发票1张，金额600元；往返路上时间48小时。报销标准：车船及市内交通费实报实销；住宿费每天标准为100元；伙食费补助标准每天为50元，共计补助金额400元；夜间乘车硬座超过8小时另补助该出票价的60%（坐火车夜间超过8小时）。多余款收回。要求：填制差旅费报销单、收款收据。

12. 15日，生产A产品领用甲材料500千克，单价80元；生产B产品领用乙材料600千克，单价75元；车间修理领用甲材料50千克，单价80元。要求：填写领料单。

13. 15日，生产C产品领用乙材料800千克，单价75元（计划产量2000件，每件乙材料的消耗定额1千克）。要求：填写限额领料单。

14. 18日，向陕西省海昌公司汇款58000元，用以支付前欠货款（海昌公司地址：西安市同化区东山路65号，开户银行：中国工商银行股份有限公司西安支行东山分理处，账号：5400110022210022）。要求：填写银行电汇凭证。

15. 23日，生产C产品领用乙材料1200千克，单价75元。要求：续填限额领料单。

16. 25日，将库存的现金5000元存入银行（面额为：50元的50张；20元的100张；10元的50张）。要求：填写现金存款凭证。

17. 26日，收到投资人金山公司投入的不需要安装的新车床一台，经评估确认其价值为120000元，预计使用10年，残值估计为12000元，设备已交付使用。要求：填制固定资产验收单和投资收据。

18. 27日，收到开户银行转来的本月电费特种转账借方凭证，电费发票联和抵扣联。收款单位名称：云浮市电业局云城分局，地址：光明北路1号，开户银行：中国工商银行股份有限公司云浮市城区支行，账号：1002003005。本月用电量20000度，每度电价0.76元，计款15200元，其中：车间用电量15789.4度，计12000元；厂部用电量4210.6度，计3200元。要求：填写电费分配表。

19. 28日，向北京天成有限公司（纳税人识别号：112266335546789，地址：北京市开发区200号，开户银行及账号：中国工商银行股份有限公司北京市朝阳支行、1230005556）销售A产品180件，单价650元；B产品100件，单价400元，增值税税率17%，货已发出，并已办妥委托银行收款手续（款未收到），以转账支票代对方垫付运输费900元。要求：填写产品出库单、增值税专用发票、转账支票（代对方垫付运输费）、托收凭证受理回单。

20. 29日，签发转账支票，支付云浮市创意广告公司（小规模纳税人，征收率3%，纳税人识别号：450105512345988，地址、电话：云浮市城区育华路56号、0766—3166688，开户银行及账号：中国建设银行股份有限公司云浮市育华分理处、1006607888）广告费20000元。要求：代对方填写普通发票，填写转账支票。

21. 30日，收到北京天成有限公司的销货款，取得开户银行转来的收款通知。

22. 31日，收到开户银行转来的本月借款利息1000元的利息清单。要求：代对方填写银行贷款计收利息清单。

23. 31日，结算本月职工工资。生产A产品工人计件工资8200元，奖金1650元，津补贴400元；生产B产品工人计件工资12000元，奖金5625元，津补贴600元；生产C产品工人计件工资33300元，奖金8500元，津补贴1200元；车间管理人员计时工资7500元，津补贴1200元，加班工资981元；公司管理人员计时工资25500元，津补贴5620元，加班工资4980元；销售人员计时工资7500元，奖金2980元，津补贴620元。要求：填制工资结算汇总表。

24. 31日，计提本月固定资产折旧，其中：生产用固定资产原值3294833元，月折旧率0.6%；管理用固定资产原值1499966元，月折旧率0.5%。要求：填制固定资产折旧计算表。

25. 31日，以生产A、B、C三种产品所耗用的原材料重量为标准分配制造费用。要求：填制制造费用分配表。

26. 31日，假设A、B、C三种产品均全部完工，A产品160件，B产品255件，C产品2 000件，结转完工产品成本（假设本月初生产成本账户期初余额均为直接材料成本，产品单位成本保留两位小数）。要求：填制A、B、C三种产品成本计算单、产成品入库单。

27. 31日，结转已销商品成本。要求：填制产品销售成本计算表。

28. 31日，计算结转税费。要求：填制增值税计算表、税费计算表。

五、实训结果提示

1. 填制的原始凭证均须由凭证上所要求的相关人员在凭证上签字（可约定几位同学

代签）。

2. 涉及收入、支出现金的原始凭证，在收妥现金后，还需在凭证上加盖"现金收讫"戳记；在付出现金后，还应在凭证上加盖"现金付讫"戳记。

3. 对外开出的原始凭证要加盖本单位"财务专用章"；填写使用的支票，要在支票上再加盖本单位在银行预留的印鉴。

4. 在实际工作中，发票由销售产品或提供劳务一方开具。

六、实训用纸准备

完成项目一至项目四的实训，需事先准备如下实训用纸：

1. 收款凭证10页、付款凭证20页、转账凭证25页，或通用记账凭证1本（50页）；
2. 日记账2页；
3. 总账1本（50页）；
4. 三栏式明细账14页；
5. 多栏式明细账15页；
6. 数量金额式明细账（进销存明细账）10页；
7. 应缴增值税明细账2页；
8. 科目汇总表2张；
9. 试算平衡表3张；
10. 资产负债表1张；
11. 利润表（损益表）1张；
12. 会计凭证封面1张；
13. 塑料资料袋1个。

七、空白原始凭证

（原始凭证单面印刷，便于实训时裁剪下来，附于记账凭证之后。具体凭证见表1-1～表1-54）

项目一　填制与审核原始凭证实训

业务1

表1-1

中国工商银行　借款凭证（回 单）1

年　　月　　日　　　　　　　　　　　　　第　　号

借款人	全　称					收款人	全　称											
	账　号						账　号											
	开户银行						开户银行											
借款金额 人民币（大写）								千	百	十	万	千	百	十	元	角	分
借款用途						上述借款已转入你单位账户，借款到期时应按期归还。此致 （银行盖章）											
借款年利率																	
借款期限	从　　年　　月　　日至　　年　　月　　日																
单位主管　　　　会计　　　　复核　　　　记账																	

中国工商银行股份有限公司
云浮市城区支行
2018.01.01
业务办理章

业务2-1

表1-2

中国工商银行 支票存根 50322331 38914301 附加信息 _____ _____ 出票日期：　年　月　日 收款人： 金　额： 用　途： 单位主管：　　　会计：	付款期限自出票之日起十天	中国工商银行　支票　　50322331　　　　　　　　　　　　　　38914301 出票日期（大写）　　年　月　日　　付款行名称： 收款人：　　　　　　　　　　　　　　出票人账号： 人民币 （大写） ｜千｜百｜十｜万｜千｜百｜十｜元｜角｜分｜ 用途：_____　　　　　　密码_____ 上列款项请从　　　　　　　行号_____ 我账户内支付 出票人签章：　　　　复核　　　　记账

项目一 填制与审核原始凭证实训

业务2-2

表1-3

中国工商银行　进账单（回 单）1

　　　　　　年　　月　　日　　　　　　　　　　　　　　　XV 16479777

付款人	全　称		收款人	全　称	
	账　号			账　号	
	开户银行			开户银行	
金额	人民币（大写）		亿 千 百 十 万 千 百 十 元 角 分		
票据种类		票据张数			
票据号码					
复核　　　　　记账			中国工商银行股份有限公司云浮市城区支行 2018.01.01 转讫		

此联是开户银行交给持（出）票人的回单

业务3

表1-4

中国工商银行支票存根 50322331 00850126	中国工商银行　支票　　　　　　50322331　　　　　　　　　　　　　　　　　　　　　00850126
附加信息_____	出票日期（大写）　　年　月　日　　付款行名称： 收款人：　　　　　　　　　　　　出票人账号：
出票日期：年月日	人民币（大写）　　千 百 十 万 千 百 十 元 角 分
收款人：	
金额：	用途：_____　　　　　　　　　密码_____
用途：	上列款项请从　　　　　　　　　　行号_____ 我账户内支付
单位主管：　　会计：	出票人签章：　　　　　　　复核　　　　　记账

付款期限自出票之日起十天

项目一　填制与审核原始凭证实训

业务4

表1-5

借 款 单

年　月　日　　　　　　　　　　　　　　　　　　　　　　　　　　No

借款单位		借款人	
借款事由			
借款金额人民币（大写）：			￥
领导意见：	财务主管核批：	部门负责人意见：	借款人（签章）

业务5-1

表1-6

广东增值税专用发票

广东

国家税务总局监制　　　　　　　　　　　No 01616888

开票日期　年　月　日

购货单位	名　　称：					密码区	（略）			第二联 抵扣联 购货方扣税凭证
	纳税人识别号：									
	地址、电话：									
	开户行及账号：									
货物或应税劳务名称		规格型号	单位	数量	单价		金额	税率	税额	
合　　　计										
价税合计（大写）							（小写）			
销货单位	名　　称：					备注				
	纳税人识别号：									
	地址、电话：									
	开户行及账号：									

收款人：　　　　　复核：　　　　　开票人：　　　　　销货单位（章）

　　注：在实际工作中，国家税务总局要求增值税专用发票通过税控系统自动生成，即由企业会计人员通过计算机打印发票，全部联次一次打印完成，不再手工填制。

业务5-2

表1-7

广东增值税专用发票

No 01616888

开票日期　年　月　日

购货单位	名　　　称： 纳税人识别号： 地　址、电　话： 开户行及账号：	密码区	（略）

货物或应税劳务名称	规格型号	单位	数量	单价	金额	税率	税额
合　　　　　计							

价税合计（大写）	（小写）

销货单位	名　　　称： 纳税人识别号： 地　址、电　话： 开户行及账号：	备注	云浮市明辉有限公司 430105512345585 发票专用章

第三联　发票联　购货方记账凭证

收款人：　　　　复核：　　　　开票人：　　　　销货单位（章）

业务5-3

表1-8

收　料　单

材料编号：　　　　　　　　年　月　日　　　　　　　　No:
供应单位：　　　发票号码：　　　材料类别：　　　仓库：

材料编号	材料名称	规格	计量单位	数量		实际成本/元				
				应收	实收	单价	金额	运费	其他	合计

仓库主管：　　　验收：　　　核算：　　　交料人：　　　制单：　　　仓库（章）：

项目一　填制与审核原始凭证实训

业务5-4

表1-9

中国工商银行 支票存根 50322331 00850127	中国工商银行　支票　　　　　50322331 　　　　　　　　　　　　　　　00850127
附加信息_____ _____	付款期限自出票之日起十天

出票日期（大写）　　年　月　日　　付款行名称：
收款人：　　　　　　　　　　　　出票人账号：

| 人民币
（大写） | | 千 | 百 | 十 | 万 | 千 | 百 | 十 | 元 | 角 | 分 |

用途：　　　　　　　　　　　　密码_____
上列款项请从　　　　　　　　　行号_____
我账户内支付

出票日期：　年　月　日
收款人：
金额：
用途：

单位主管：　　　　会计：　　　出票人签章：　　　　　　　复核：　　　　　记账：

业务6-1

表1-10

产品出库单

年　月　日

品　名	计量单位	发出数量	备　注

单位负责人：　　　　　　　发货人：　　　　　　　　经办人：

业务6-2

表1-11

广东增值税专用发票
广东
此联不作扣税 不作报销凭证使用

No 02626756

开票日期　年　月　日

购货单位	名　称： 纳税人识别号： 地址、电话： 开户行及账号：	密码区	（略）

货物或应税劳务名称	规格型号	单位	数量	单价	金额	税率	税额
合　　计							
价税合计（大写）					（小写）		

销货单位	名　称： 纳税人识别号： 地址、电话： 开户行及账号：	备注	

收款人：　　　　复核：　　　　开票人：　　　　销货单位（章）

第一联　记账联　销货方记账凭证

项目一　填制与审核原始凭证实训

业务6-3

表1-12

| 中国工商银行
支票存根
50322331
38914305

附加信息_____
_____
_____
出票日期：　年　月　日
收款人：
金额：
用途：
单位主管：　　会计： | 付款期限自出票之日起十天 | 中国工商银行　支票　　　　　　　　50322331
　　　　　　　　　　　　　　　　　　38914305
出票日期（大写）　　　年　月　日　　付款行名称：
收款人：　　　　　　　　　　　　　　出票人账号：

人民币（大写）　｜千｜百｜十｜万｜千｜百｜十｜元｜角｜分｜

用途：_____　　　　　　　　　密码_____
上列款项请从　　　　　　　　　　行号_____
我账户内支付

出票人签章：　　　　　　　复核：　　　　记账： |

业务6-4

表1-13

中国工商银行　进账单（回单）1
　　　　　年　月　日　　　　　　　　　　XV 18579788

付款人	全　称		收款人	全　称		此联是开户银行交给持（出）票人的回单
	账　号			账　号		
	开户银行			开户银行		
金额	人民币 （大写）			亿千百十万千百十元角分		
票据种类		票据张数				
票据号码				中国工商银行股份 有限公司 云浮市城区支行 2018.01.04 转讫		
	复核　　　　记账					

业务7

表1-14

票据代码：4100010001

粤 财 综 IB[2008]

№122344566701

年　　　月　　　日

今收到	_____
交　来	_____
人民币（大写）	￥

说明	1.本收据用于收费和基金以外的单位与单位之间、单位内部各部门之间及单位与个人之间发生的各种资金往来结算业务。 2.本收据禁止用于收取行政事业性收费和政府性基金，否则按违反"收支两条线"予以处罚。

第三联　记账联

收款单位（章）：　　　　　开票人：　　　　　收款人：

业务8

表1-15

支行名称：云浮市城区支行　　　　　　　　　　　　　　　　　网点号：432490702

云浮电子缴税系统回单

扣款日期：2018.1.6　　　　　　　　　　清算日期：2018.1.6

付款人名称：　云浮市兴云有限公司　　　　收款人名称：云浮市云城区地方税务局

付款人账号：　0377668860　　　　　　　　收款人账号：　087654321

付款人开户银行：工行云浮市城区支行　　　收款人开户银行：国家金库云浮支库

款项内容：代扣（地税）税款　　　　　　　电子税票号：　711002188

大写金额：壹万陆仟伍佰元整　　　　　　　小写金额：　¥16500.00

纳税人编码：116678910105678　　　　　　纳税人名称：　云浮市兴云有限公司

税种	所属时期	纳税金额	备注
企业所得税	2017.10.01 — 2017.12.31	¥16500.00	地税

经办：　　　复核：　　　打印次数：1　　　打印日期：2018.1.6

（中国工商银行股份有限公司 云浮市城区支行 2018.01.06 业务办理章）

业务9

表1-16

广东增值税普通发票

No 12365491

开票日期　　年　月　日

购货单位	名　　称：					密码区	（略）		
	纳税人识别号：								
	地址、电话：								
	开户行及账号：								
货物或应税劳务名称		规格型号	单位	数量	单价	金额		税率	税额
合　　　计									
价税合计（大写）							（小写）		
销货单位	名　　称：					备注			
	纳税人识别号：								
	地址、电话：								
	开户行及账号：								

收款人：　　　　复核：　　　　开票人：　　　　销货单位（章）

业务10-1

表1-17

广东增值税普通发票

No 20023486

开票日期　　年　月　日

购货单位	名　　称：					密码区	（略）		
	纳税人识别号：								
	地址、电话：								
	开户行及账号：								
货物或应税劳务名称		规格型号	单位	数量	单价	金额		税率	税额
合　　　计									
价税合计（大写）							（小写）		
销货单位	名　　称：					备注			
	纳税人识别号：								
	地址、电话：								
	开户行及账号：								

收款人：　　　　复核：　　　　开票人：　　　　销货单位（章）

业务10-2

表1-18

中国工商银行 支票存根 50322331 00850128	中国工商银行　支票　　　　　50322331　00850128		
附加信息 _____ _____	出票日期（大写）　　年　月　日　　付款行名称： 收款人：　　　　　　　　　　　　出票人账号：		
出票日期：年　月　日	人民币 （大写）	千百十万千百十元角分	
收款人：	用途：_____	密码_____	
金额：	上列款项请从	行号_____	
用途：	我账户内支付		
单位主管：　　会计：	出票人签章：　　　　复核：　　　记账：		

业务11-1

表1-19

差旅费报销单

年　月　日

出差人：				职务：				部门：				
出差事由：												
起止日期及地点				交通费		住宿费			出差补贴			合计金额
月	日	起点	月	日	终点	交通工具	单据张数	金额	标准	天数	金额	人数	天数	补贴标准	金额
合计（大写）： ￥																
预支金额　　　　　　退回金额　　　　　　补领金额　　　　　　附单据　张																
单位负责人意见：　　会计审核：　　部门负责人意见：　　出差人签名：																

项目一　填制与审核原始凭证实训

业务11-2

表1-20

广州→乌鲁木齐　　　　　　广州　发售
231次
2018年1月2日17:18开02车02号
全价488.00元　　新空调硬座特快
限乘当日次车
在3日内有效

业务11-3

表1-21

乌鲁木齐→广州　　　　　　乌鲁木齐　发售
232次
2018年1月9日08:30开10车25号
全价488.00元　　新空调硬座特快
限乘当日次车
在3日内有效

业务11-4

表1-22

市内出租车车票 壹拾圆 人民币10元	市内出租车车票 捌圆 人民币8元	市内出租车车票 捌圆 人民币8元	市内出租车车票 捌圆 人民币8元
市内出租车车票 捌圆 人民币8元	市内出租车车票 捌圆 人民币8元	市内出租车车票 捌圆 人民币8元	市内出租车车票 捌圆 人民币8元
市内出租车车票 捌圆 人民币8元	市内出租车车票 捌圆 人民币8元	市内出租车车票 捌圆 人民币8元	市内出租车车票 捌圆 人民币8元

业务11-5

表1-23

新疆增值税普通发票

No 23123654

开票日期2018年 01 月 09 日

购货单位	名　　　称	云浮市兴云有限公司				密码区	（略）		
	纳税人识别号	116678910105678							
	地址、电话	云浮市高新开发区8号　0766-3456789							
	开户行及账号	工行云浮市城区支行　0377668860							
货物或应税劳务名称		规格型号	单位	数量	单价		金额	税率	税额
住宿费		826	天	6	97.0874		582.52	3%	17.48
合　　　　计							¥582.52		¥17.48
价税合计（大写）		陆佰元整				（小写）		¥600.00	
销货单位	名　　　称	乌鲁木齐天城宾馆				备注	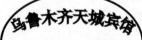		
	纳税人识别号	230105512345588							
	地址、电话	乌鲁木齐市天河路18号　0991-6180783							
	开户行及账号	建行营业部 230300686877							

收款人：梁燕　　　复核：王丹　　　开票人：王丹　　　　　销货单位（章）

项目一 填制与审核原始凭证实训

业务11-6

表1-24

领 款 单

年 月 日　　　　　　　　　　　　　　　　　　　　　　　No

领款单位			领款人	
领款事由				
领款金额人民币（大写）：			￥	
领导意见：	财务主管核批：	部门负责人意见：	领款人（签章）	

业务11-7

表1-25

广东省统一非税收务收款收据

年　月　日

票据代码：4100010001
粤 财 综 IB[2008]
№122344566702

今收到 _____	第 三 联 记 账 联
交　来 _____	
人民币（大写） _____　￥	
说明	1.本收据用于收费和基金以外的单位与单位之间、单位内部各部门之间及单位与个人之间发生的各种资金往来结算业务。 2.本收据禁止用于收取行政事业性收费和政府性基金，否则按违反"收支两条线"予以处罚。	

收款单位（章）：　　　　开票人：　　　　　　　　　　收款人：

业务12

表1-26

领 料 单

领料部门：　　　　　　　年 月 日　　　　　　　凭证编号：

材料编号	材料名称	规格	计量单位	数量		单价/元	金额/元	用途
				请领	实发			
备注：				金额合计				

仓库主管：　　　发料：　　　　记账：　　　　领料人：　　　制单：　　　仓库（章）：

业务13

表1-27

限额领料单

材料编号：　　　　　　　　　　　　　年　月　　　　　　　　　No：
领料单位：　　　　用途：　　　　计划产量：　　　　　　消耗定额：

材料名称	材料规格	计量单位	单价	全月领用限额	全月实领	
					数　量	金　额

年		请　领		实　发			退库		限额结余
月	日	数量	领料单位负责人	数量	发料人	领料人	数量	退库号	
合　计									

生产计划部门负责人：　　　供应部门负责人：　　　仓库主管：　　　材料核算员：

业务14

表1-28

中国工商银行　电汇凭证（回单）1

汇款人	全　称		收款人	全　称	
	账　号			账　号	
	开户银行			开户银行	
汇出地点			汇入地点		

| 金额 | 人民币(大写) | | 亿 | 千 | 百 | 十 | 万 | 千 | 百 | 十 | 元 | 角 | 分 |

中国工商银行股份有限公司
云浮市城区支行
★ 2018.01.18 ★
业务办理章　汇出行签章

支付密码
附加信息及用途：
复核：　　记账：

业务15

续填限额领料单（见表1-27）。

业务16

表1-29

中国工商银行 现金存款凭证

年　月　日　　　　　　　　　　　　　　　　　　　　　　　　　粤 A04659865

存款人	全　　称					
	账　　号			款项来源		
	开 户 行			交 款 人		

金额（人民币）大写：　　　　　　　　　　　　　　　金额小写：

票面	张数	票面	张数	票面	张数

中国工商银行股份有限公司
云浮市城区支行
★ 2018.01.25 ★
经办：　　复核：
业务办理章

业务17-1

表1-30

固定资产验收单

年　月　日

名称及规格型号	单位	数量	总价值	预计使用年限	预计残值	存放地点	固定资产卡账号

验收部门负责人：　　　　　　　　　　　验收人：　　　　　　　　　　　制单：

业务17-2

表1-31

广东省统一非税务收款收据

年　　月　　日

票据代码：4100010001

粤 财 综 IB[2008]

No122344566703

今收到	_____
交　来	_____
人民币（大写）	￥
说明	1.本收据用于收费和基金以外的单位与单位之间、单位内部各部门之间及单位与个人之间发生的各种资金往来结算业务。 2.本收据禁止用于收取行政事业性收费和政府性基金，否则按违反"收支两条线"予以处罚。

收款单位（章）：　　　　开票人：　　　　收款人：

第三联 记账联

业务18-1

表1-32

中国工商银行　特种转账借方凭证

币种：人民币　　　　　　　　　　　　　　　　　流水号：5462

付款人	全　称	云浮市兴云有限公司	收款人	全　称	云浮市电业局云城分局
	账　号	0377668860		账　号	1002003005
	开户行	工行云浮市城区支行		开户行	工行云浮市城区支行
金额	（大写）　壹万柒仟柒佰捌拾肆元整			￥17784.00	
用途	代收电费				
备注：					

中国工商银行股份有限公司
云浮市城区支行
2018.01.27
转讫

银行盖章

客户回单

业务18-2

表1-33

No 23616896

开票日期：2018年01月27日

购货单位	名称：云浮市兴云有限公司					密码区	（略）		
	纳税人识别号：116678910105678								
	地址、电话：云浮市高新开发区8号　0766-3456789								
	开户行及账号：工行云浮市城区支行　0377668860								
货物或应税劳务名称	规格型号	单位	数量	单价	金额		税率	税额	
工业电价		千瓦时	20000	0.76	15200.00		17%	2584.00	
合　　计					￥15200.00			￥2584.00	
价税合计（大写）	壹万柒仟柒佰捌拾肆元整				（小写）　￥17784.00				
销货单位	名称：云浮市电业局云城分局					备注			
	纳税人识别号：430105512345788								
	地址、电话：光明北路1号　0766-8899123								
	开户行及账号：工行云浮市城区支行　1002003005								

收款人：李珀　　复核：韩宏　　开票人：冯峰　　销货单位（章）

业务18-3

表1-34

No 23616896

开票日期：2018年01月27日

购货单位	名称：云浮市兴云有限公司					密码区	（略）		
	纳税人识别号：116678910105678								
	地址、电话：云浮市高新开发区8号　0766-3456789								
	开户行及账号：工行云浮市城区支行　0377668860								
货物或应税劳务名称	规格型号	单位	数量	单价	金额		税率	税额	
工业电价		千瓦时	20000	0.76	15200.00		17%	2584.00	
合　　计					￥15200.00			￥2584.00	
价税合计（大写）	壹万柒仟柒佰捌拾肆元整				（小写）　￥17784.00				
销货单位	名称：云浮市电业局云城分局					备注			
	纳税人识别号：430105512345788								
	地址、电话：光明北路1号　0766-8899122								
	开户行及账号：工行云浮市城区支行　1002003005								

收款人：李珀　　复核：韩宏　　开票人：冯峰　　销货单位（章）

业务18-4

表1-35

外购动力分配表

年　月　日

项目	部门	分配标准/千瓦时	分配率	分配金额/元
合　计				

制表人：　　　　　　　　　　　　　　　　　　　　　　　　　　　审核人：（略）

业务19-1

表1-36

产品出库单

年　月　日

品　　名	计量单位	发出数量	备　注

单位负责人：　　　　　　　　　发货人：　　　　　　　　　经办人：

项目一 填制与审核原始凭证实训

业务19-2

表1-37

广东增值税专用发票
广东

No 02626757

此联不作报销 购买证使用   开票日期   年 月 日

购货单位	名称： 纳税人识别号： 地址、电话： 开户行及账号：				密码区	（略）		
货物或应税劳务名称	规格型号	单位	数量	单价	金额	税率	税额
合计							
价税合计（大写）					（小写）		
销货单位	名称： 纳税人识别号： 地址、电话： 开户行及账号：				备注			

收款人：　　　复核：　　　开票人：　　　销货单位（章）

业务19-3

表1-38

广东增值税普通发票
广东

No 81146670
开票日期：2018年01月28日

购货单位	名称：北京天成有限公司 纳税人识别号：112266335546789 地址、电话：北京市开发区200号 010-8888321 开户行及账号：工行北京市朝阳支行 1230005556				密码区	（略）		
货物或应税劳务名称	规格型号	单位	数量	单价	金额	税率	税额
运输费		公里	2131	0.41	873.79	3%	26.21
合计					¥873.79		¥26.21
价税合计（大写）	玖佰元整				（小写） ¥900.00		
销货单位	名称：云浮市天一运输公司 纳税人识别号：430105612345888 地址、电话：云浮市光明北路66号 0766-8899123 开户行及账号：工行云浮市城区支行 1002003666				备注	云浮市天一运输公司 430105612345888 发票专用章		

收款人：肖阳　　　复核：王红　　　开票人：程付林　　　销货单位（章）

业务19-4

表1-39

中国工商银行 支票存根 50322331 00850129	中国工商银行　支票　　　　　　50322331 　　　　　　　　　　　　　　　　00850129
附加信息_____ _____ 出票日期：　年　月　日 收款人： 金额： 用途： 单位主管：　　会计：	出票日期（大写）　　年　月　日　付款行名称： 收款人：　　　　　　　　　　　出票人账号： 人民币（大写）　千百十万千百十元角分 用途：_____ 上列款项请从　　　　　　　密码_____ 我账户内支付　　　　　　　行号_____ 出票人签章：　　　　　复核：　　　　记账：

业务19-5

表1-40

中国工商银行　托收凭证（受理回单）1

委托日期　年　月　日

业务类型		委托收款（□邮划、□电划）	托收承付（□邮划、□电划）		
付款人	全　称		收款人	全　称	
	账　号			账　号	
	开户银行			开户银行	
	地　址			地　址	
金额	人民币（大写）				亿千百十万千百十元角分
款项内容		托收凭证名称		附寄单证张数	
		商品发运情况		合同名称及号码	
备注：		此项业务已由中国工商银行股份有限公司云浮市云城区支行签章 ★ 2018.01.28 ★ 业务办理章			
复核：　记账：					

业务20-1

表1-41

广东增值税普通发票
广东
国家税务局监制
发票联

No 30023599

开票日期　年　月　日

购货单位	名　　称：		密码区	（略）				第二联　发票联　购货方记账凭证
	纳税人识别号：							
	地址、电话：							
	开户行及账号：							
货物或应税劳务名称	规格型号	单位	数量	单价	金额	税率	税额	
合　　　　计								
价税合计（大写）					（小写）			
销货单位	名　　称：		备注	云浮市创意广告公司 450105512345988 发票专用章				
	纳税人识别号：							
	地址、电话：							
	开户行及账号：							

收款人：　　　　　复核：　　　　　开票人：　　　　　销货单位（章）

业务20-2

表1-42

中国工商银行 支票存根 50322331 00850130 附加信息 _____ _____ 出票日期：年　月　日 收款人： 金额： 用途： 单位主管：　　会计：	付款期限自出票之日起十天	中国工商银行　支票　　　　　　　550322331　　　　　　　　　　　　　　　　　　　00850130

	出票日期（大写）	年　月　日	付款行名称：
	收款人：		出票人账号：
人民币（大写）		千百十万千百十元角分	
用途：____		密码_____	
上列款项请从 我账户内支付		行号_____	
出票人签章：　　　　　　　复核：　　　　　　　记账：			

业务21

表1-43

中国工商银行 托收凭证（收款通知）4

委托日期 2018 年 01 月 28 日

业务类型		委托收款（□邮划、■电划）		托收承付（□邮划、□电划）			
付款人	全 称	北京天成有限公司	收款人	全 称	云浮市兴云有限公司		
	账 号	1230005556		账 号	0377668860		
	开户银行	工行北京市朝阳支行		开户银行	工行云浮市城区支行		
	地 址	北京市开发区200号		地 址	云浮市高新开发区8号		
金额	人民币（大写）	壹拾捌万肆仟伍佰玖拾元整			亿千百十万千百十元角分		
					￥184 59000		
款项内容		销货款	托收凭证名称	合同、发票	附寄单证张数		3
商品发运情况		已发货	合同名称及号码		销货合同，N0.20180128		
备注：		上列款……（加盖：中国工商银行股份有限公司 云浮市城区支行 2018.01.30 业务办理章）					
复核：	记账：						

业务22

表1-44

中国工商银行 计收利息清单（支款通知）

年　月　日

No 001789

户　名					账号		
计息起止时间					备注	（加盖：中国工商银行股份有限公司 云浮市城区支行 2018.01.31 业务办理章）	
贷款种类	贷款账号	计息日贷款余额	计息积数	利率	计收利息金额		计收利息合计
人民币（大写）					亿千百十万千百十元角分		
单位主管：		会计：		复核：		记账：	

业务23

表1-45

工资结算汇总表

年　月　日

职工类别	计件工资	计时工资	奖金	津贴	加班工资	应发工资	代扣款项				实发工资
合计											

会计主管：　　　　　　　　　　　　复核：　　　　　　　　　　　　制单：

业务24

表1-46

固定资产折旧计算表

年　月　日　　　　　　　　　　　　　　　单位：元

固定资产类别	原值	月折旧率	月折旧额
合计			

会计主管：　　　　　　　　　　　　复核：　　　　　　　　　　　　制单：

业务25

表1-47

制造费用分配表

年 月 日 单位：元

项 目		原材料重量	制造费用	
			分配率	分配金额
合 计				

会计主管： 复核： 制单：

业务26-1

表1-48

产品成本计算单

年 月 日

产品名称： 完工产品数量：

成本项目	期初在产品成本	本月发生成本	生产成本合计	完工产品总成本	完工产品单位成本	期末在产品成本
直接材料						
直接人工						
制造费用						
合 计						

会计主管： 复核： 制表：

业务26-2

表1-49

产品成本计算单

年 月 日

产品名称： 完工产品数量：

成本项目	期初在产品成本	本月发生成本	生产成本合计	完工产品总成本	完工产品单位成本	期末在产品成本
直接材料						
直接人工						
制造费用						
合 计						

会计主管： 复核： 制表：

业务26-3

表1-50

产品成本计算单

年 月 日

产品名称： 完工产品数量：

成本项目	期初在产品成本	本月发生成本	生产成本合计	完工产品总成本	完工产品单位成本	期末在产品成本
直接材料						
直接人工						
制造费用						
合　计						

会计主管： 复核： 制表：

业务26-4

表1-51

产成品入库单

年 月 日

产品名称	计量单位	数量	单位成本	总成本
合　计				

仓库负责人： 收货人： 经办人：

业务27

表1-52

产品销售成本计算表

年 月 日 单位：元

产品名称	计量单位	月初结存		本月入库		加权平均成本	月末结存数量	月末结存成本	本月销售成本
		数量	金额	数量	金额				
		①	②	③	④	⑤=(②+④)÷(①+③)	⑥	⑦=⑤×⑥	⑧=②+④-⑦
合计									
备注	1.加权平均成本和销售成本均保留到分位。 2.由于加权平均成本除不尽，因此为了保持账面数字之间的平衡关系，销售成本采用倒挤法计算。								

会计主管： 复核： 制单：

业务28-1

表1-53

增值税计算表

年　月　日　　　　　　　　　　　　　　　　　　单位：元

项　　目	行　次	金　额
本月销项税额	1	
本月进项税额	2	
本月进项税额转出	3	
上期留抵税额	4	
本月应交增值税额	5	

会计主管：　　　　　　　　　　复核：　　　　　　　　　　　　制单：

业务28-2

表1-54

税费计算表

年　月　日　　　　　　　　　　　　　　　　　　单位：元

税（费）种	计税基数	税（费）率	税（费）额
城市维护建设税			
教育费附加			
合　　计			

会计主管：　　　　　　　　　　复核：　　　　　　　　　　　　制单：

项目一 填制与审核原始凭证实训

任务二 审核原始凭证实训

一、实训目的

原始凭证的审核是正确编制记账凭证的前提,也是账簿记录正确的保障。通过实训,学生可以掌握审核原始凭证的内容、程序和方法,掌握不符合要求的原始凭证的一般处理方法。

二、实训要求

在审核前,熟悉所给的经济业务,按审核和填制原始凭证的基本要求,指出实训资料所给出的原始凭证中所存在的问题,并提出处理问题原始凭证的方法。

三、实训提示

在实训之前,请先阅读附录《会计基础工作规范》第三章第二节"填制会计凭证"。

四、实训资料

兴云公司的财务人员在本月填制和收到了以下原始凭证,这些原始凭证有不同程度的错误,请指出错误,并进行修改。

(一)审核支票(见表1-55)

表1-55

中国工商银行 支票存根 50322331 00850126 附加信息_____ _____ 出票日期: 年 月 日 收款人:本单位 金 额:5000.00 用 途:日常零支 单位主管: 会计:	付款期限自出票之日起十天	中国工商银行 支票 50322331 00850126 出票日期(大写) 年 月 日 付款行名称:工行城区支行 收款人:本单位 出票人账号:0377668860

人民币(大写) 伍仟元整 千 百 十 万 千 百 十 元 角 分
                                    5 0 0 0 0 0

用途:日常零支   密码_____
上列款项请从   行号_____
我账户内支付

出票人签章: 复核: 记账:

1. 请指出表1-55所填支票中存在的几处问题：

（1） _____ ；

（2） _____ ；

（3） _____ ；

（4） _____ 。

2. 处理方法： _____ 。

（二）审核收款收据（见表1-56）

表1-56

票据代码：4100010001

粤 财 综 IB[2008]

No122344566701

广东省统一 务收款收据

年　月　日

今收到　李宏海

交　来

人民币（大写）　贰佰伍拾捌元　　　　　　　　　¥ 258.00

说明
1.本收据用于收费和基金以外的单位与单位之间、单位内部各部门之间及单位与个人之间发生的各种资金往来结算业务。
2.本收据禁止用于收取行政事业性收费和政府性基金，否则按违反"收支两条线"予以处罚。

收款单位（章）：　　　　开票人：李红梅　　　　收款人：李红梅

第三联　记账联

1. 请指出表1-56所填收款收据中存在的几处问题：

（1） _____ ；

（2） _____ ；

（3） _____ ；

（4） _____ 。

2. 处理方法： _____ 。

（三）审核增值税专用发票（见表1-57）

表1-57

广东增值税专用发票

No 026026757

开票日期：2018年01月28日

购货单位	名　　　　称：北京天成有限公司					密码区	（略）		
	纳税人识别号：112266335546789								
	地址、电话：北京市开发区200号								
	开户行及账号：工行北京市朝阳支行1230005556								
货物或应税劳务名称	规格型号	单位	数量	单价	金额		税率	税额	
A产品		件	180	650.00	117000.00		0.17%	19890.00	
B产品		件	100	400.00	40000.00		0.17%	6800.00	
合　　计					157000.00				
价税合计（大写）	壹拾伍万柒仟元整				（小写）¥157000.00				
销货单位	名　　　　称：				备注				
	纳税人识别号：								
	地址、电话：								
	开户行及账号：								

收款人：李红梅　　复核：　　开票人：王力　　销货单位（章）

1. 请指出表1-57所开增值税专用发票中存在的几处问题：
   （1）_____；
   （2）_____；
   （3）_____；
   （4）_____。
2. 处理方法：_____。

重点说明：对错误的原始凭证，应退还出具原始凭证的单位，由出具原始凭证的单位重开，再据以编制记账凭证并登记入账。

（四）审核限额领料单（见表1-58）

表1-58

限额领料单

材料编号：　　　　　　　　　　　　年　月　　　　　　　　　　　　No：0718

领料单位：生产车间　　用途：生产C产品　　计划产量：2000件　　消耗定额：1千克/件

材料名称	材料规格	计量单位	单价	全月领用限额	全月实领	
					数量	金额
乙材料		千克	75.00	2000		

年		请　领		实　发			退　库		限额结余
月	日	数量	领料单位负责人	数量	发料人	领料人	数量	退库号	
1	15	800	杨民	800	李红	杨民			
1	23	1200	杨民	1200	李红	杨民			
合　计									

生产计划部门负责人：杨民　　　供应部门负责人：王洪山　　　仓库主管：李红　　　材料核算员：

1. 请指出表1-58所填限额领料单中存在的几处问题：

   （1）_____；

   （2）_____；

   （3）_____；

   （4）_____。

2. 处理方法：_____。

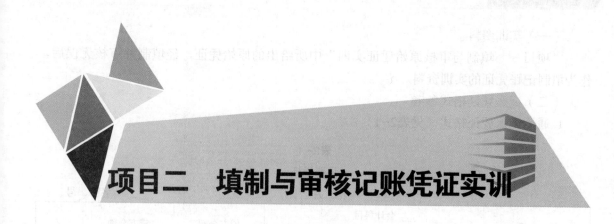

项目二 填制与审核记账凭证实训

任务一 填制记账凭证实训

一、实训目的

记账凭证是由会计人员对审核无误的原始凭证或汇总原始凭证,按其经济业务的内容加以归类整理而填制的,并作为登记账簿依据的会计凭证。它是进行会计核算的关键,通过编制记账凭证的实训,学生可以掌握记账凭证的编制方法,熟悉记账凭证格式和内容,可以提高对经济业务的会计处理能力。

二、实训要求

记账凭证有单式记账凭证和复式记账凭证,本项目仅进行复式记账凭证的实训。具体操作要求如下:

1. 根据原始凭证填制专用记账凭证或通用记账凭证,并将原始凭证从书中裁下粘贴在对应的记账凭证后面。
2. 装订填制完成的专用记账凭证或通用记账凭证(注:在期末转账并记账后进行)。

三、实训提示

为熟悉填制记账凭证的基本要求,正确填制记账凭证,请先阅读附录《会计基础工作规范》第三章第二节"填制会计凭证"。

(一)实训资料

"项目一 填制与审核原始凭证实训"中所给出的原始凭证,经填制并审核无误后,作为填制记账凭证的实训资料。

(二)记账凭证格式参考

1. 通用记账凭证格式(见表2-1)。

表2-1

记账凭证

年 月 日　　　　　　　　　　　字第 号

摘　要	会计科目		借方金额	贷方金额	√
	一级科目	二级或明细科目			
附件　张		合　计			

会计主管:　　　　记账:　　　　出纳:　　　　复核:　　　　制单:

2. 专用记账凭证格式(见表2-2、表2-3、表2-4)。

表2-2

收款凭证

借方科目:　　　　　　年 月 日　　　　　　　　字第 号

摘　要	贷方科目		金　额	√
	一级科目	二级或明细科目		
附件　张		合　计		

会计主管:　　　　记账:　　　　出纳:　　　　复核:　　　　制单:

表2-3

付款凭证

贷方科目:　　　　　　年 月 日　　　　　　　　字第 号

摘　要	借方科目		金　额	√
	一级科目	二级或明细科目		
附件　张		合　计		

会计主管:　　　　记账:　　　　出纳:　　　　复核:　　　　制单:

表2-4

转账凭证

年　月　日　　　　　　　　　　　　　　　　　　字第　号

摘要	会计科目		借方金额	贷方金额	√
	一级科目	二级或明细科目			
附件　张	合　　计				

会计主管：　　　　　记账：　　　　　出纳：　　　　　复核：　　　　　制单：

四、记账凭证填写示例

1. 通用记账凭证填写示例。

（1）根据原始凭证表1-3填制通用记账凭证，如表2-5所示。

表2-5

记账凭证

2018年01月01日　　　　　　　　　　　　　　　　记　字第2号

摘要	会计科目		借方金额	贷方金额	√
	一级科目	二级或明细科目			
收到前欠销货款	银行存款		150000.00		
	应收账款	阳光贸易公司		150000.00	
附件1张	合　　计		¥150000.00	¥150000.00	

会计主管：刘万阳　　记账：实训者　　出纳：李红梅　　复核：刘万阳　　制单：李红梅

该记账凭证后附的原始凭证有：进账单一张。

（2）根据原始凭证表1-7、表1-8和表1-9填制通用记账凭证，如表2-6所示。

表2-6

记账凭证

2018年01月03日　　　　　　　　　　　　　　　　　　　　记　字第5号

摘　要	会计科目		借方金额	贷方金额	√
	一级科目	二级或明细科目			
采购原材料	原材料	甲材料	24000.00		
	原材料	乙材料	37500.00		
	应交税费	应交增值税（进项税额）	10455.00		
	银行存款			71955.00	
附件3张	合　　计		￥71955.00	￥71955.00	

会计主管：刘万阳　　记账：实训者　　出纳：李红梅　　复核：刘万阳　　制单：李红梅

该记账凭证后附的原始凭证有：增值税专用发票（发票联）、收料单、转账支票存根联各一张。

2．专用记账凭证填写示例。

（1）根据原始凭证表1-11和表1-13填制收款凭证，如表2-7所示。

表2-7

收款凭证

借方科目：银行存款　　　　　2018年01月04日　　　　　　　　银收　字第3号

摘　要	贷方科目		金　额	√
	一级科目	二级或明细科目		
销售，款存银行	主营业务收入	A产品	126000.00	
	主营业务收入	B产品	80000.00	
	应交税费	应交增值税（销项税额）	35020.00	
附件2张	合　　计		￥241020.00	

会计主管：刘万阳　　记账：实训者　　出纳：李红梅　　复核：刘万阳　　制单：李红梅

该记账凭证后附的原始凭证有：增值税专用发票（记账联）和进账单各一张。

注：出库单在月底作为结转销售成本的原始凭证。

（2）根据原始凭证表1-4填制付款凭证，如表2-8所示。

表2-8

付款凭证

贷方科目：银行存款　　　　　　2018年01月01日　　　　　　银付　字第1号

摘　要	借方科目		金　额	√
	一级科目	二级或明细科目		
从银行提取现金	库存现金		5000.00	
附件1张	合　　计		￥5000.00	

会计主管：刘万阳　　　记账：实训者　　　出纳：李红梅　　　复核：刘万阳　　　制单：李红梅

该记账凭证后附的原始凭证有：现金支票存根联一张。

（3）根据原始凭证表1-27填制转账凭证，如表2-9所示。

表2-9

转账凭证

2018年01月23日　　　　　　　　　　　　　　　转　字第3号

摘　要	会计科目		借方金额	贷方金额	√
	一级科目	二级或明细科目			
生产产品领用乙材料	生产成本	C产品	150000.00		
	原材料	乙材料		150000.00	
附件1张	合　　计		￥150000.00	￥150000.00	

会计主管：刘万阳　　　记账：实训者　　　出纳：　　　复核：刘万阳　　　制单：实训者

该记账凭证后附的原始凭证有：限额领料单一张。

五、实训资料

实训项目一中各项经济业务中已填制并审核无误的原始凭证。

六、实训结果提示

根据实训项目一中各项经济业务的原始凭证编制的现金收款凭证、现金付款凭证、银行存款收款凭证、银行存款付款凭证和转账凭证（简表）分别如表2-10～表2-14所示。

表2-10

现金收款凭证简表

借方科目：库存现金

业务序号	2018年		凭证字号	摘要	贷方科目		金额	附件
	月	日			总账科目	明细科目		
7	1	5	现收1	收到责任事故罚款	营业外收入	罚款收入	258.00	1
11	1	10	现收2	李经国交回多余款	其他应收款	李经国	340.40	1

表2-11

现金付款凭证简表

贷方科目：库存现金

业务序号	2018年		凭证字号	摘要	借方科目		金额	附件
	月	日			总账科目	明细科目		
4	1	2	现付1	职工出差借款	其他应收款	李经国	3000.00	1
9	1	6	现付2	购买办公用品	管理费用	办公费	190.00	1
16	1	25	现付3	现金存行	银行存款		5000.00	1

表2-12

银行存款收款凭证简表

借方科目：银行存款

业务序号	2018年		凭证字号	摘要	贷方科目		金额	附件
	月	日			总账科目	明细科目		
1	1	1	银收1	流动资金借款	短期借款	工行	100000.00	1
2	1	1	银收2	收到外欠货款	应收账款	阳光贸易公司	150000.00	1
6	1	4	银收3	销售A产品@630，200件 销售B产品@400，200件 销项税额	主营业务收入 主营业务收入 应交税费	A产品 B产品 应交增值税	126000.00 80000.00 35020.00	2
21	1	30	银收4	收到外欠货款	应收账款	天成公司	184590.00	1

表2-13

银行存款付款凭证简表

贷方科目：银行存款

业务序号	2018年 月	日	凭证字号	摘要	借方科目 总账科目	明细科目	金额	附件
3	1	1	银付1	提取现金	库存现金		5000.00	1
5	1	3	银付2	购材料，甲@80，300千克 购材料，乙@75，500千克 进项税额	原材料 原材料 应交税费	甲材料 乙材料 应交增值税	24000.00 37500.00 10455.00	3
8	1	6	银付3	缴上年第四季度所得税	应交税费	应交所得税	16500.00	1
10	1	7	银付4	购买办公桌@360，2张 购买办公柜@520，1个	周转材料 周转材料	办公桌 办公柜	720.00 520.00	2
14	1	18	银付5	归还前欠货款	应付账款	海昌公司	58000.00	1
18	1	27	银付6	支付车间电费 支付厂部电费 进项税额	制造费用 管理费用 应交税费	电费 电费 应交增值税	12000.00 3200.00 2584.00	3
19	1	28	银付7	垫付运费	应收账款	天成公司	900.00	1
20	1	29	银付8	支付广告费	销售费用	广告费	20000.00	2
22	1	31	银付9	支付借款利息	财务费用	利息费用	1000.00	1

表2-14

转账凭证简表

业务序号	2018年 月	日	凭证字号	摘要	总账科目	明细科目	借方金额	贷方金额	附件
11	1	10	转1	李经国报销并还款	销售费用 其他应收款	差旅费 李经国	2659.60	2659.60	17
12	1	15	转2	生产A产品领用材料 生产B产品领用材料 车间维修耗用材料 甲@80，550千克 乙@75，600千克	生产成本 生产成本 制造费用 原材料 原材料	A产品 B产品 甲材料 乙材料	40000.00 45000.00 4000.00	44000.00 45000.00	1
15	1	23	转3	生产C产品领用材料 乙@75，2000千克	生产成本 原材料	C产品 乙材料	150000.00	150000.00	1
17	1	26	转4	投资人投入设备	固定资产 实收资本	车床 金山公司	120000.00	120000.00	2

续表

业务序号	2018年 月	2018年 日	凭证字号	摘要	总账科目	明细科目	借方金额	贷方金额	附件
19	1	28	转5	赊销 A产品@650，180件 B产品@400，100件 销项税额	应收账款 主营业务收入 主营业务收入 应交税费	天成公司 A产品 B产品 应交增值税	183690.00	117000.00 40000.00 26690.00	2
23	1	31	转6	分配本月工资	生产成本 生产成本 生产成本 制造费用 管理费用 销售费用 应付职工薪酬	A产品 B产品 C产品 工资 工资 工资 工资	10250.00 18225.00 43000.00 9681.00 36100.00 11100.00	128356.00	1
24	1	31	转7	计提折旧	制造费用 管理费用 累计折旧	折旧费 折旧费	19769.00 7499.83	27268.83	1
25	1	31	转8	分配制造费用	生产成本 生产成本 生产成本 制造费用	A产品 B产品 C产品	7330.65 8796.78 29322.57	45450.00	1
26	1	31	转9	结转完工产品成本	库存商品 库存商品 库存商品 生产成本 生产成本 生产成本	A产品 B产品 C产品 A产品 B产品 C产品	68580.65 81021.78 222322.57	68580.65 81021.78 222322.57	4
27	1	31	转10	结转已销产品成本	主营业务成本 主营业务成本 库存商品 库存商品	A产品 B产品 A产品 B产品	162025.45 94921.83	162025.45 94921.83	3
28	1	31	转11	结转本月未交增值税	应交税费 应交税费	应交增值税 未交增值税	48671.00	48671.00	1
28	1	31	转12	结转营业税金及附加	营业税金及附加 应交税费 应交税费	应交城建税 教育费附加	4867.10	3406.97 1460.13	1

任务二　审核记账凭证

一、实训目的

记账凭证的审核是正确登记账簿的前提,是账簿记录正确的保障。通过实训,学生可以掌握审核记账凭证的内容、程序、方法和要求,并掌握对填制不符合要求的记账凭证的一般处理方法。

二、实训要求

1. 实训学生相互交换、审核已填制的记账凭证。
2. 在审核前,熟悉记账凭证审核的内容、程序、方法和要求。
3. 对实训资料所给出的记账凭证逐一审核,并在记账凭证审核处签章,以明确责任。
4. 经审核,记账凭证没有的错误,完全符合记账凭证填制要求的,在记账凭证审核处签章;若发现错误,则由制单人重新填制。

三、实训提示

在实训之前,请先阅读附录《会计基础工作规范》第三章第二节"填制会计凭证"。

四、实训资料

审核本项目任务一所填制的记账凭证。

任务三　编制科目汇总表

一、实训目的

以科目汇总表为依据登记总账,不仅大大减少登记总账的工作量,而且科目汇总表可以起到试算平衡——检查记账凭证编制错误的作用。本实训任务的目的是掌握科目汇总表的编制。

二、实训要求

根据专用记账凭证或通用记账凭证定期编制科目汇总表。科目汇总表的格式如表2-15所示。

表2-15

科目汇总表

年　月　日至　日　　　　　　　　　　　　　　　第　号

凭证　字　号至　号共　张　　凭证　字　号至　号共　张　　凭证　字　号至　号共　张
凭证　字　号至　号共　张　　凭证　字　号至　号共　张

会计科目	本期发生额																					
	借方金额										√	贷方金额										√
	亿	千	百	十	万	千	百	十	元	角	分		亿	千	百	十	万	千	百	十	元	角	分	
合　计																							

会计主管：　　　　　记账：　　　　　复核：　　　　　制表：

三、实训资料

本项目所填制并经审核无误的记账凭证。

四、实训结果提示

以本项目所填制并经审核的记账凭证为依据，登记T形账户；全部记账凭证登记完毕后，分别合计各账户本期借方和贷方发生额；将各T形账户的名称、借方和贷方发生额合计数填入科目汇总表；分别总计所有账户的借方发生额和贷方发生额。

填列好的科目汇总表如表2-16所示。

表2-16

科目汇总表

2018年01月01日至31日　　　　　　　科汇第01号

凭证现收字01号至02号共2张　　凭证银收字01号至04号共4张　　凭证转字01号至12号共12张
凭证现付字01号至03号共3张　　凭证银付字01号至09号共9张

会计科目	借方金额 亿	千	百	十	万	千	百	十	元	角	分	√	贷方金额 亿	千	百	十	万	千	百	十	元	角	分	√
库存现金					5	5	9	8	4	0								8	1	9	0	0	0	
银行存款				6	8	0	6	1	0	0	0					1	9	2	3	7	9	0	0	
应收账款				1	8	4	5	9	0	0	0					3	3	4	5	9	0	0	0	
其他应收款						3	0	0	0	0	0							3	0	0	0	0	0	
原材料						6	1	5	0	0	0								2	3	9	0	0	
周转材料						1	2	4	0	0	0													
生产成本				3	5	1	9	2	5	0	0					3	7	1	9	2	5	0	0	
制造费用					4	5	4	5	0	0	0						4	5	4	5	0	0	0	
库存商品				3	1	7	9	2	5	0	0					2	5	6	9	4	7	2	8	
固定资产					1	2	0	0	0	0	0													
累计折旧																		2	7	2	6	8	3	
短期借款																1	0	0	0	0	0	0	0	
应付账款						5	8	0	0	0	0													
应交税费					7	8	2	1	0	0	0					1	1	5	2	4	8	1	0	
应付职工薪酬																1	2	8	3	5	6	0	0	
实收资本																1	2	0	0	0	0	0	0	
主营业务收入																3	6	3	0	0	0	0	0	
营业外收入																			2	5	8	0	0	
主营业务成本				2	5	6	9	4	7	2	8													
营业税金及附加						4	8	6	7	1	0													
管理费用					4	6	9	8	9	8	3													
销售费用					3	3	7	5	9	6	0													
财务费用						1	0	0	0	0	0													
合　计	￥			2	3	0	5	6	1	2	2	1		￥			2	3	0	5	6	1	2	2	1

会计主管：刘万阳　　　　记账：实训者　　　　复核：刘万阳　　　　制表：实训者

项目三 登记会计账簿实训

任务一 设置账户实训

一、实训目的

通过设置账户实训，学生可以掌握总账户和明细账户设置的基本原理与方法，学会如何在实际工作中，根据有关资料的相互联系建立一个完整的账户核算体系，以满足企业会计核算的需要。

二、实训要求

根据实训资料所给出的不同状况下的企业资料，在不同状况下为企业设置出相应的核算账户。具体要求是：

1. 根据企业上期期末总账户余额表设置总分类核算账户。
2. 根据企业上期期末明细分类账户余额表设置明细分类核算账户和日记账账户。

三、实训资料

1. 兴云公司2018年1月1日总分类账户期初余额如表3-1所示。

表3-1
总分类账户期初余额表
2018年01月01日　　　　　　　　　　　　　　　单位：元

账户名称	借方余额	账户名称	贷方余额
库存现金	3000	累计折旧	513000
银行存款	199101	应付账款	58000
应收票据	15000	应交税费	16500
应收账款	150000	实收资本	4524950
原材料	189000	盈余公积	251890
周转材料	3600	利润分配	196260
生产成本	20000		
库存商品	186100		
固定资产	4794799		
合　计	5560600	合　计	5560600

2. 兴云公司2018年1月1日明细核算账户期初余额如表3-2、表3-3所示。

表3-2
相关库存账户明细科目余额表
单位：元

总账科目	明细科目	编号	规格	单位	数量	单价	金额
原材料	甲材料			千克	300	80	24000
	乙材料			千克	2200	75	165000
生产成本	A产品						11000
	B产品						9000
周转材料	办公桌	001	三斗两开门	张	4	400	1600
	办公柜	002	铁质带保险	个	4	500	2000
库存商品	A产品			件	260	425	110500
	B产品			件	240	315	75600

表3-3
往来账户明细科目余额表
单位：元

总账科目	明细账户	借方余额	贷方余额
应收票据		15000	
	云浮市阳光贸易公司	15000	
应收账款		150000	
	云浮市阳光贸易公司	150000	
应付账款			58000
	陕西省海昌公司		58000
应交税费			16500
	应交所得税		16500

四、账簿格式

1. 日记账格式（见表3-4、表3-5）。

表3-4

库存现金日记账

年		凭证字号	摘 要	对方科目	收入	支出	结余
月	日						

表3-5

银行存款日记账

年		凭证字号	摘 要	对方科目	结算凭证		收入	支出	结余
月	日				种类	编号			

2. 明细账的适用范围及格式（见表3-6～表3-11）。

表3-6

各种格式明细账适用范围

账页格式	适用范围	特　点
三栏式	现金/银行存款日记账	只需要进行金额核算的经济业务
	应收/应付账款明细账	
	应付职工薪酬明细账	
多栏式	在途物资明细账	需要进行分项具体反映的经济业务
	制造费用明细账	
	管理费用明细账	
	生产成本明细账	
	主营业务收入明细账	
	营业外收入明细账	
	应交增值税明细账	
	本年利润明细账	
数量金额式	原材料明细账	既需要进行金额核算，又需要进行数量核算的经济业务
	库存商品明细账	
	周转材料明细账	

表3-7

明细分类账（三栏式）

账户名称：

年		凭证号数	摘要	借方金额	贷方金额	借或贷	余额
月	日						

表3-8

在途物资明细账

材料名称：

年		凭证号数	摘要	借方金额				贷方金额	余额
月	日			买价	采购费用	其他	合计		

表3-9

生产成本明细账（多栏式）

产品名称：

年		凭证号数	摘要	直接材料	直接人工	制造费用	合计
月	日						

表3-10

管理费用明细账(多栏式)

年		凭证号数	摘要	借 方									贷方	余额
月	日			职工薪酬	办公室	差旅费	折旧费	修理费	工会经费	招待费	…	合计		

表3-11

原材料明细账(数量金额式)

材料名称: 计量单位:

年		凭证号数	摘要	收 入			发 出			结 存		
月	日			数量	单价	金额	数量	单价	金额	数量	单价	金额

3.总分类账格式(见表3-12)。

表3-12

总分类账

账户名称:

年		凭证号数	摘 要	借方	贷方	借或贷	余 额
月	日						

五、实训提示

会计科目是企业会计分类核算账户的名称。在我国,设置总分类账户应以财政部颁布实施的《企业会计准则——应用指南》中规定的会计科目为标准;明细分类账户统一设置的不多,企业可根据实际需要自行设置。

项目三 登记会计账簿实训

任务二 登记账簿实训

一、实训目的

登记账簿是会计人员最基本的工作,是会计专业学生必须掌握的最基本的技能。通过实训,学生能够明确账簿的种类和基本结构,熟悉登记账簿的一般要求,掌握登记账簿的基本操作技能。

二、实训要求

根据项目二的实训资料:
1. 根据收、付款凭证,登记库存现金日记账和银行存款日记账。
2. 根据收、付款凭证和转账凭证登记各类明细账。
3. 根据科目汇总表登记总分类账。

三、实训提示

为了熟悉账簿登记的基本内容和登账的基本要求,请参阅附录《会计基础工作规范》的要求。

四、实训资料

实训项目二中所填制和审核的记账凭证和科目汇总表。

任务三 编制银行存款余额调节表实训

一、实训目的

通过实训,学生可以掌握银行存款余额调节表的编制方法。

二、实训要求

兴云公司2018年2月2日收到开户银行转来的银行对账单,将其记录与公司银行存款日记账的记录核对,找出未达账项,并编制2018年1月份的银行存款余额调节表。

三、实训提示

将兴云公司2018年1月份的银行存款日记账和银行对账单记录逐笔勾对,找出未达账项并判断未达账项的类型,按照补记收付调节法编制银行存款余额调节表,核对调节后的余额。

四、实训资料

兴云公司2018年1月份的银行存款日记账、银行存款对账单和银行存款余额调节表资料(见表3-13、表3-14和表3-15)。

表3-13

银行存款日记账

2018年		凭证字号	摘 要	对方科目	结算凭证		借方	贷方	结余
月	日				种类	编号			
1	1		上年结转						199101.00
1	1	银收1	借入流动资金	短期借款	借	01	100000.00		
1	1	银收2	收到外欠还款	应收账款	进	9777	150000.00		
1	1	银付1	提取现金	库存现金	支	0126		5000.00	444101.00
1	3	银付2	购原材料	原材料、应交税费	支	0127		71955.00	372146.00
1	4	银收3	销售产品	主营业务收入、应交税费	进	9788	241020.00		613166.00
1	6	银付3	缴税款	应交税费	缴	2188		16500.00	596666.00
1	7	银付4	购买用具	周转材料	支	0128		1240.00	595426.00
1	18	银付5	支付欠款	应付账款	电			58000.00	537426.00
1	25	现付3	现金存行	库存现金	存	9865	5000.00		542426.00
1	27	银付6	支付电费	制造费用、管理费用	特	5462		17784.00	524642.00
1	28	银付7	代垫运费	应收账款	支	0129		900.00	523742.00
1	29	银付8	付广告费	销售费用	支	0130		20000.00	503742.00
1	30	银收4	收到购货欠款	应收账款	托		184590.00		688332.00
1	31	银付9	支付利息	财务费用	利	1789		1000.00	687332.00
			本月合计				680610.00	192379.00	

表3-14

中国工商银行各户存款对账单

2018年01月31日

账号：0377668860　　　　　户名：云浮市兴云有限公司　　　　　单位：元

日期	凭证种类	摘要	借方	贷方	借/贷	余额
01-01		月初余额			贷	199101.00
01-01	借款凭证	流动资金借款		100000.00	贷	299101.00
01-01	转账支票	收到外欠款		150000.00	贷	449101.00
01-01	现金支票	提现金	5000.00		贷	444101.00
01-04	转账支票	收到销货款		241020.00	贷	685121.00
01-06	缴税凭证	缴税款	16500.00		贷	668621.00
01-09	转账支票	购买用具	1240.00		贷	667381.00
01-10	转账支票	货款	71955.00		贷	595426.00
01-18	电汇	货款	58000.00		贷	537426.00
01-25	存款凭证	现金存行		5000.00	贷	542426.00
01-30	托收凭证	收到销货款		184590.00	贷	727016.00
01-31	特种转账	交电费	17784.00		贷	709232.00
01-31	电汇	前欠货款		15000.00	贷	724232.00
01-31	转账支票	借款利息	1000.00		贷	723232.00
01-31	委托收款	支付水费	12300.00		贷	710932.00

表3-15

银行存款余额调节表

年　月　日

项　目	金　额	项　目	金　额
企业银行存款账面余额		银行对账单余额	
加：银行已收，企业未收		加：企业已收，银行未收	
减：银行已付，企业未付		减：企业已付，银行未付	
调节后的余额		调节后的余额	

任务四 错账更正实训

一、实训目的

通过实训,学生可以进一步理解和掌握错账的正确更正方法。

二、实训要求

1. 根据实训资料,进行凭证核对、账证核对,检查存在的错误。
2. 对于存在的错误,判断错误的性质和应采用的更正方法。
3. 用正确的更正方法改正存在的错误。

三、实训提示

在实训前学习《企业会计准则第28号——会计政策、会计估计和差错更正》及附录《会计基础工作规范》中关于差错更正的要求,领会相关规定。

四、实训资料

兴云公司2018年1月份发生的经济业务所填的会计凭证及登记的账簿的有关资料如下。其中"管理费用"总账相关业务已全部登记入账,现有几项经济业务的记账凭证和相关账簿资料如表3-16~表3-25所示。其他业务无误(略)。

1. 6日,向云浮市百货超市购买办公用品一批:钢笔10支,含税单价12元;圆珠笔20支,含税单价1.50元;笔记本20本,含税单价2元;行政办公室直接领用。用现金支付。

原始凭证见表1-16,记账凭证如表3-16所示。

表3-16

付款凭证

贷方科目:库存现金　　　　　2018年01月06日　　　　　现付　字第2号

摘要	借方科目		金额	√
	一级科目	二级或明细科目		
购买办公用品	管理费用		190.00	√
附件1张	合计		￥190.00	

会计主管:刘万阳　　记账:实训者　　出纳:李红梅　　复核:刘万阳　　制单:李红梅

2. 10日，业务员李经国报销差旅费，时间8天，差旅费单据：火车票2张、每张金额488元；市内出租车车票12张，金额98元；住宿费发票1张，金额600元；往返路上时间48小时。报销标准：车船及市内交通费实报实销，住宿费每天标准为100元，伙食费补助标准每天为50元，共计补助金额400元，夜间乘车硬座超过8小时另补助该出票价的60%（坐火车夜间超过8小时）。多余款收回。

原始凭证如表1-19～表1-25所示，记账凭证如表3-17所示。

表3-17

转账凭证

2018年01月10日　　　　　　　　　　　　　　　　　　转　字第1号

摘　要	会计科目		借方金额	贷方金额	√
	一级科目	二级或明细科目			
业务员去乌鲁木齐	管理费用	差旅费	2759.60		√
参加商品订货会	其他应收款	李经国		2759.60	√
附件17张		合　计	¥2759.60	¥2759.60	

会计主管：刘万阳　　记账：实训者　　出纳：　　复核：刘万阳　　制单：实训者

3. 27日，收到开户银行转来的本月电费特种转账借方凭证、电费发票联和抵扣联。收款单位名称：云浮市电业局云城分公司，地址：光明北路1号，开户银行：中国工商银行股份有限公司云浮市城区支行，账号：1002003005。本月用电量20000度，每度电价0.76元，计款15200元，其中：车间用电量15789.4度，计12000元；厂部用电量4210.6度，计3200元。

原始凭证如表1-32～表1-35所示，记账凭证如表3-18所示。

表3-18

付款凭证

贷方科目：银行存款　　　　　2018年01月27日　　　　　　　　　银付　字第6号

摘　要	借方科目		金　额	√
	一级科目	二级或明细科目		
支付本月电费	制造费用	电费	12000.00	√
	管理费用	电费	3000.00	√
进项税额	应交税费	应交增值税	2584.00	
附件3张		合　计	¥17584.00	

会计主管：刘万阳　　记账：实训者　　出纳：李红梅　　复核：刘万阳　　制单：李红梅

4. 29日，签发转账支票，支付云浮市创意广告公司（小规模纳税人，征收率3%，纳税人识别号：450105512345988，地址、电话：云浮市城区育华路56号、0766-3166688，开户银行及账号：中国建设银行云浮市育华分理处、1006607888）广告费20000元。

原始凭证如表1-41～表1-42所示，记账凭证如表3-19～表3-25所示。

表3-19

付款凭证

贷方科目：银行存款　　　　　　　　2018年01月29日　　　　　　　　　　银付　字第8号

摘　要	借方科目		金　额	√
	一级科目	二级或明细科目		
支付电视台广告费	管理费用	广告费	20000.00	√
附件2张	合　　计		￥20000.00	

会计主管：刘万阳　　　记账：实训者　　　出纳：李红梅　　　复核：刘万阳　　　制单：李红梅

表3-20

总分类账

账户名称：管理费用

2018年		凭证字号	摘　　要	借方	贷方	借或贷	结余
月	日						
1	6	现付2	购买办公用品	160.00			
1	10	转1	李经国报销差旅费	2759.60			
1	27	银付5	支付电费	3000.00			
1	29	银付8	支付广告费	20000.00			
1	31	转6	管理人员工资	36100.00			
1	31	转7	固定资产折旧费	7499.83			

表3-21

总分类账

账户名称：库存现金

2018年		凭证字号	摘　　要	借方	贷方	借或贷	结余
月	日						
1	1		上年结转			借	3000.00
1	1	银付1	从银行提取现金	5000.00			
1	2	现付1	李经国出差借支		3000.00		
1	5	现收1	罚责任事故款	258.00			
1	6	现付2	购买办公用品		160.00		
1	10	现收2	李经国交回多余款	340.40			
1	25	现付3	将现金交存银行		5000.00		

表3-22

总分类账

账户名称：其他应收款

2018年		凭证字号	摘要	借方	贷方	借或贷	结余
月	日						
1	2	现付1	李经国出差借支	3000.00			
1	10	转1	李经国出差报销		2759.60		
1	10	现收2	李经国交回多余款		240.40		

表3-23

总分类账

账户名称：银行存款

2018年		凭证字号	摘要	借方	贷方	借或贷	结余
月	日						
1	1		上年结转				199101.00
1	1	银收1	借入流动资金	100000.00			
1	1	银收2	收到外欠还款	150000.00			
1	1	银付1	提取现金		5000.00		444101.00
1	3	银付2	购原材料		71955.00		372146.00
1	4	银收3	销售产品	241020.00			613166.00
1	6	银付3	缴税款		16500.00		596666.00
1	7	银付4	购买用具		1240.00		595426.00
1	18	银付5	支付欠款		58000.00		537426.00
1	25	现付3	现金存行	5000.00			542426.00
1	27	银付6	支付电费		17584.00		524842.00
1	28	银付7	代垫运费		900.00		523942.00
1	29	银付8	付广告费		20000.00		503942.00
1	30	银收4	收到购货欠款	184590.00			688532.00
1	31	银付9	支付利息		1000.00		687532.00

表3-24

总分类账

账户名称：制造费用

2018年		凭证字号	摘要	借方	贷方	借或贷	结余
月	日						
1	15	转2	车间维修领用材料	4000.00			
1	27	银付5	支付车间本月电费	12000.00			
1	31	转6	车间管理人员工资	9681.00			
1	31	转7	固定资产折旧费	19769.00			
1	31	转8	结转本月制造费用		45450.00		

表3-25

总分类账

账户名称：销售费用

2018年		凭证字号	摘要	借方	贷方	借或贷	结余
月	日						
1	31	转6	销售人员工资	11100.00			

五、实训结果提示

1. 第一笔业务凭证没有错误，过账时错记为"160.00"元，采用划线更正法更正。

2. 第二笔业务记账凭证实记金额大于应记金额，并且该笔费用应计入"销售费用"账户，记账随之发生错误，采用红字更正法，冲销原错误记录，编制正确的记账凭证并登记入账。

3. 第三笔业务记账凭证实记金额小于应记金额，采用补充登记法，补记少记的金额200元。

4. 第四笔业务用错会计科目，该笔广告费应计入"销售费用"账户，采用红字更正法，冲销原错误记录，编制正确的记账凭证并据以登记入账。

重点说明：会计核算要求账簿登记清晰、准确，但在实际工作中，由于各种原因，账目难免会出现错漏，因此需要经常进行对账，定期做好对账工作，做到账账相符、账实相符。

任务五　期末转账与结账实训

一、实训目的

期末转账与结账是总结会计主体某一会计期间的经济活动情况、考核经营成果、编制会计报表的基础，是对会计记录的总结，是编制会计报表的前提。通过实训，学生可以掌握期末转账与结账的内容、程序和方法，熟悉各项具体操作。

二、实训要求

在本项目任务二"登记账簿实训"中总账和明细账登记的基础上，首先确保所有经济业务均已登记入账，然后进行期末转账和结账。步骤为：

1. 编制期末转账前的试算平衡表，验证账簿记录是否正确。
2. 将损益类账户结转到"本年利润"账户。
3. 计算应交所得税，假设该公司适用的所得税税率为25%，没有纳税调整事项，计算本月应交所得税，编制会计凭证，并结转到"本年利润"账户。
4. 对各类账户进行月末结账。
5. 编制结账后的试算平衡表。

三、实训提示

结账的具体做法参见附录《会计基础工作规范》中的要求。

四、实训资料

1. 本项目任务二"登记账簿实训"中设置并登记的账簿资料。
2. 试算平衡表（见表3-26和表3-27）。

表3-26

试算平衡表(结转前)

年　月　日　　　　　　　　　　　　　　　　　　　　单位:元

账户名称	期初余额		本期发生额		期末余额	
	借方	贷方	借方	贷方	借方	贷方

表3-27

试算平衡表(结转后)

年　月　日　　　　　　　　　　　　　　　　　　　　单位:元

账户名称	借方余额	账户名称	贷方余额

五、实训结果提示

实训结果提示见填列好的结转前试算平衡表、期末转账凭证简表、期末转账科目汇总表、结转后试算平衡表(见表3-28~表3-31)。

表3-28

试算平衡表(结转前)

2018年01月31日　　　　　　　　　　　　　　　　　　　单位:元

账户名称	期初余额		本期发生额		期末余额	
	借方	贷方	借方	贷方	借方	贷方
库存现金	3000.00		5598.40	8190.00	408.40	
银行存款	199101.00		680610.00	192379.00	687332.00	
应收票据	15000.00				15000.00	
应收账款	150000.00		184590.00	334590.00		
其他应收款			3000.00	3000.00		
原材料	189000.00		61500.00	239000.00	11500.00	
周转材料	3600.00		1240.00		4840.00	
生产成本	20000.00		351925.00	371925.00		
制造费用			45450.00	45450.00		
库存商品	186100.00		371925.00	256947.28	301077.72	
固定资产	4794799.00		120000.00		4914799.00	
累计折旧		513000.00		27268.83		540268.83
短期借款				100000.00		100000.00
应付账款		58000.00	58000.00			
应交税费		16500.00	78210.00	115248.10		53538.10
应付职工薪酬				128356.00		128356.00
实收资本		4524950.00		120000.00		4644950.00
盈余公积		251890.00				251890.00
利润分配		196260.00				196260.00
主营业务收入				363000.00		363000.00
营业外收入				258.00		258.00
主营业务成本			256947.28		256947.28	
营业税金及附加			4867.10		4867.10	
管理费用			46989.83		46989.83	
销售费用			33759.60		33759.60	
财务费用			1000.00		1000.00	
合　计	5560600.00	5560600.00	2305612.21	2305612.21	6278520.93	6278520.93

表3-29

转账凭证简表   单位：元

业务序号	2018年月	2018年日	凭证号数	摘要	总账科目	明细科目	借方金额	贷方金额
29	1	31	转13	结转益类账户	主营业务收入 营业外收入 本年利润		363000.00 258.00	363258.00
29	1	31	转14	结转损类账户	本年利润 主营业务成本 营业税金及附加 管理费用 销售费用 财务费用		343563.81	256947.28 4867.10 46989.83 33759.60 1000.00
30	1	31	转15	计算所得税费用	所得税费用 应交税费	应交所得税	4923.55	4923.55
30	1	32	转16	结转所得税费用	本年利润 所得税费用		4923.55	4923.55

表3-30

科目汇总表

2018年01月31日至31日   科汇第02号

凭证 转 字13号至16号共4张　　凭证　字　号至　号共　张　　凭证　字　号至　号共　张

凭证　字　号至　号共　张　　凭证　字　号至　号共　张

会计科目	本期发生额																			
	借方金额										√	贷方金额									√
	亿	千	百	十	万	千	百	十	元	角	分	亿	千	百	十	万	千	百	十	元	角	分	
应交税费																	4	9	2	3	5	5	
本年利润				3	4	8	4	8	7	3	6				3	6	3	2	5	8	0	0	
主营业务收入				3	6	3	0	0	0	0	0												
营业外收入							2	5	8	0	0												
主营业务成本															2	5	6	9	4	7	2	8	
营业税金及附加																	4	8	6	7	1	0	
管理费用																4	6	9	8	9	8	3	
销售费用																3	3	7	5	9	6	0	
财务费用																	1	0	0	0	0	0	
所得税费用						4	9	2	3	5	5						4	9	2	3	5	5	
合　计	¥			7	1	6	6	6	8	9	1	¥			7	1	6	6	6	8	9	1	

会计主管：刘万阳　　　　记账：实训者　　　　复核：刘万阳　　　　制表：实训者

表3-31 试算平衡表（结转后）

2018年01月31日　　　　　　　　　　　　　　　　单位：元

账户名称	借方余额	账户名称	贷方余额
库存现金	408.40	累计折旧	540268.83
银行存款	687332.00	短期借款	100000.00
应收票据	15000.00	应交税费	58461.65
原材料	11500.00	应付职工薪酬	128356.00
周转材料	4840.00	实收资本	4644950.00
库存商品	301077.72	盈余公积	251890.00
固定资产	4914799.00	利润分配	196260.00
		本年利润	14770.64
合　计	5934957.12	合　计	5934957.12

项目四　编制会计报表实训

一、实训目的

会计报表是综合反映会计主体财务状况和经营成果的书面文件,是根据日常会计核算资料归类、整理和汇总后编制形成的,是会计核算的最终成果。通过实训,学生可以明确资产负债表和利润表的理论基础,熟悉资产负债表、利润表的基本结构和填制资料来源,掌握资产负债表、利润表编制和报送的基本操作技能(现金流量表等其他会计报表不在实训范围内)。

二、实训要求

在项目三任务五"期末转账与结账实训"的基础上,根据已知资料编制2018年1月31日的资产负债表和2018年1月份的利润表。

三、实训提示

1. 资产负债表是根据期末余额资料编制的静态报表。在编制过程中,注意报表中特殊项目的列示方法。
2. 利润表是根据企业报告期发生额资料编制的动态报表。在编制过程中,注意报表中特殊项目的列示方法。

四、实训资料

1. 本实训是在项目三任务二"登记账簿实训"和项目三任务五"期末转账与结账实训"基础上的连续。
2. 资产负债表如表4-1所示。
3. 利润表如表4-2所示。

表4-1

资产负债表

会企01表

编制单位：　　　　　　　　　　　　　____年____月____日　　　　　　　　　　　　单位：元

资产	期末余额	年初余额	负债和所有者权益（或股东权益）	期末余额	年初余额
流动资产：			流动负债：		
货币资金			短期借款		
以公允价值计量且其变动计入当期损益的金融资产			以公允价值计量且其变动计入当期损益的金融负债		
应收票据			应付票据		
应收账款			应付账款		
预付款项			预收款项		
应收利息			应付职工薪酬		
应收股利			应交税费		
其他应收款			应付利息		
存货			应付股利		
持有待售的非流动资产或持有待售的处置组中的资产			其他应付款		
一年内到期的非流动资产			持有待售的处置组中的负债		
其他流动资产			一年内到期的非流动负债		
流动资产合计			其他流动负债		
非流动资产：			流动负债合计		
以摊余成本计量的金融资产			非流动负债：		
以公允价值计量且其变动计入其他综合收益的金融资产			长期借款		
长期应收款			应付债券		
长期股权投资			长期应付款		
投资性房地产			专项应付款		
固定资产			预计负债		
在建工程			递延收益		
工程物资			递延所得税负债		
固定资产清理			其他非流动负债		
生产性生物资产			非流动负债合计		
油气资产			负债合计		
无形资产			所有者权益（或股东权益）：		
开发支出			实收资本（或股本）		
商誉			资本公积		
长期待摊费用			减：库存股		
递延所得税资产			其他综合收益		
其他非流动资产			盈余公积		
非流动资产合计			未分配利润		
			所有者权益（或股东权益）合计		
资产总计			负债和所有者权益（或股东权益）总计		

单位负责人：　　　　　　　财务负责人：　　　　　　　复核：　　　　　　　制表：

表4-2

利 润 表

会企02表

编制单位： ___年___月___日　　　　　　　　　　　　　　　　　单位：元

项　　目	本期金额	上期金额
一、营业收入		
减：营业成本		
税金及附加		
销售费用		
管理费用		
财务费用		
资产减值损失		
加：公允价值变动收益（损失以"—"号填列）		
投资收益（损失以"—"号填列）		
其中：对联营企业和合营企业的投资收益		
其他收益		
二、营业利润（亏损以"—"号填列）		
加：营业外收入		
其中：非流动资产处置利得		
减：营业外支出		
其中：非流动资产处置损失		
三、利润总额（亏损总额以"—"号填列）		
减：所得税费用		
四、净利润（净亏损以"—"号填列）		
五、其他综合收益的税后净额		
六、综合收益总额		
七、每股收益		
（一）基本每股收益		
（二）稀释每股收益		

单位负责人：　　　　　财务负责人：　　　　　复核：　　　　　制表：

五、实训结果提示

填列好的资产负债表和利润表如表4-3和表4-4所示。

表4-3

资产负债表

编制单位：云浮市兴云有限公司　　2018年01月31日　　　　　　　　　　会企01表　单位：元

资　　产	期末余额	年初余额	负债和所有者权益	期末余额	年初余额
流动资产：			流动负债：		
货币资金	687740.40	202101.00	短期借款	100000.00	
以公允价值计量且其变动计入当期损益的金融资产			以公允价值计量且其变动计入当期损益的金融负债		
应收票据	15000.00	15000.00	应付票据		
应收账款		150000.00	应付账款		58000.00
预付款项			预收款项		
应收利息			应付职工薪酬	128356.00	
应收股利			应交税费	58461.65	16500.00
其他应收款			应付利息		
存货	317417.72	398700.00	应付股利		
持有待售的非流动资产或持有待售的处置组中的资产			其他应付款		
一年内到期的非流动资产			持有待售的处置组中的负债		
其他流动资产			一年内到期的非流动负债		
流动资产合计	1020158.10	765801.00	其他流动负债		
非流动资产：			流动负债合计	286817.65	74500.00
以摊余成本计量的金融资产			非流动负债：		
以公允价值计量且其变动计入其他综合收益的金融资产			长期借款		
长期应收款			应付债券		
长期股权投资			长期应付款		
投资性房地产			专项应付款		
固定资产	4374530.17	4281799.00	预计负债		
在建工程			递延收益		
工程物资			递延所得税负债		
固定资产清理			其他非流动负债		
生产性生物资产			非流动负债合计		
油气资产			负债合计	286817.65	74500.00
无形资产			所有者权益：		
开发支出			实收资本	4644950.00	4524950.00
商誉			资本公积		
长期待摊费用			减：库存股		
递延所得税资产			其他综合收益		
其他非流动资产			盈余公积	251890.00	251890.00
非流动资产合计	4374530.17	4281799.00	未分配利润	211030.64	196260.00
			所有者权益合计	5107870.60	4973100.00
资产总计	5394688.29	5047600.00	负债和所有者权益总计	5394688.29	5047600.00

单位负责人：张家铭　　　　财务负责人：刘万阳　　　　复核：刘万阳　　　　制表：实训者

表4-4

利 润 表

会企02表

编制单位：云浮市兴云有限公司　　　2018年01月　　　　　　　　　　　　单位：元

项　目	本期金额	上期金额
一、营业收入	363000.00	（略）
减：营业成本	256947.28	
税金及附加	4867.10	
销售费用	33759.60	
管理费用	46989.83	
财务费用	1000.00	
资产减值损失		
加：公允价值变动收益（损失以"—"号填列）		
投资收益（损失以"—"号填列）		
其中：对联营企业和合营企业的投资收益		
其他收益		
二、营业利润（亏损以"—"号填列）	19436.19	
加：营业外收入	258.00	
其中：非流动资产处置利得		
减：营业外支出		
其中：非流动资产处置损失		
三、利润总额（亏损总额以"—"号填列）	19694.19	
减：所得税费用	4923.55	
四、净利润（净亏损以"—"号填列）	14770.64	
五、其他综合收益的税后净额	14770.64	
〜〜〜〜〜〜〜〜〜〜〜〜〜〜〜〜〜〜〜〜〜		
六、综合收益总额	14770.64	
七、每股收益		
（一）基本每股收益		
（二）稀释每股收益		

单位负责人：张家铭　　　财务负责人：刘万阳　　　复核：刘万阳　　　制表：实训者

重点说明：企业编制的会计报表应当真实可靠、相关可比、全面完整、编报及时、易于理解。

项目五 综合模拟实训

一、实训目的

本项目综合模拟实训是在前面项目一至项目四各单项模拟实训的基础上进行的,其目的是让学生对会计实务中的各项原始凭证和记账凭证,尤其是对记账凭证的编制、不同格式会计账簿的登记、对账与结账等一系列会计核算基本技术,有个系统、全面的认识,最终将所学的基础会计知识转化为会计实务的基本操作技能,同时提高学生会计职业判断能力,加深对会计核算的基本程序和实际工作内容与性质的认识,形成会计责任观念,养成良好的会计职业习惯,为学生日后成为应用型人才打下坚实的基础。

二、实训要求

根据给出的实训资料,采用科目汇总表账务处理程序对模拟企业的经济业务进行账务处理。实训具体操作要求如下:

1. 建账。即设置各类会计账簿,并过入期初余额。
2. 根据经济业务,填制和审核原始凭证。
3. 根据原始凭证,编制记账凭证。
4. 根据记账凭证和有关原始凭证,登记日记账和相关明细账。
5. 根据记账凭证,编制科目汇总表。
6. 根据科目汇总表,登记总账。
7. 对账。即总账内部各账户之间的核对,总账与日记账的核对,总账与明细账的核对。
8. 编制期末结转前的试算平衡表。
9. 结账。即会计期末,进行转账与结账。
10. 编制期末结转后的试算平衡表。
11. 编制资产负债表和利润表。
12. 装订整理会计核算资料,包括各种会计凭证、账簿和报表等会计档案资料。

三、实训提示

首先,应熟悉实训模拟企业的概况,复习科目汇总表账务处理程序的要求与做法;然后,逐步进行相关的账务处理。

四、实训用纸准备

完成本综合模拟实训,需事先准备如下实训用纸:

1. 通用记账凭证2本;
2. 日记账2页;
3. 总账1本(50页);
4. 三栏式明细账30页;
5. 多栏式明细账10页;
6. 数量金额式明细账(进销存明细账)8页;
7. 应交增值税明细账2页;
8. 科目汇总表6张;
9. 试算平衡表4张;
10. 资产负债表1张;
11. 利润表(损益表)1张;
12. 会计凭证封面1张;
13. 塑料资料袋1个。

五、实训资料(本资料纯属虚构)

(一)模拟企业情况

1. 基本情况。模拟企业基本情况,如表5-1所示。

表5-1 模拟企业基本情况

企业名称	A市新业有限公司
法人代表	李中华
会计主管	柳明阳
会计员	陈聪华
出纳员	王小玲,身份证号码:440104198512023125,发证机关:A市爱民公安局
住址、邮编、电话	A市长江路7号,250412,8310106
纳税人识别号	440101876543210
开户银行、账户	中国建设银行股份有限公司长江路支行,104581003017,36184624
主营业务	生产、销售甲产品、乙产品
生产组织形式、工艺流程	设有一个基本生产车间,多步骤、大量大批重复生产甲产品和乙产品,企业管理层不要求提供各步骤半成品成本资料

2. 采用的会计政策和核算方法。

（1）公司执行《企业会计准则》（2006年）。

（2）公司经国家税务局认定为一般纳税人企业，增值税税率17%，地方税务局核定城市维护建设税税率7%，教育费附加3%，企业所得税税率25%，企业所得税会计根据应付税款法核算（假设无纳税调整项目）。

（3）采用科目汇总表核算形式，半月汇总一次，月末结转汇总一次，共三次。

（4）存货按照实际成本核算，采购费用按实收材料的重量分配。发出存货计价采用月末加权平均法（顺算）。

（5）采用"品种法"计算产品成本。月末，完工产品成本和在产品成本计算采用约当产量法。制造费用按产品生产工时分配。

（6）固定资产按年限平均法计提折旧，采用分类折旧率。

（7）损益结转采用账结法。

（8）销售部门为专设销售机构。

（9）出差途中补助按每人每天50元计，超过半天按1天计，不足半天不计。

（10）周转材料核算采用一次转销法。

（11）单位成本、分配率等计算保留4位小数。

3. 2017年12月的有关信息。

（1）客户资料如表5-2所示。

表5-2　客户资料

客户编码	客户名称	简称	纳税人识别号	地址、电话	开户银行	账号
001	C市奇力股份有限公司	C市奇力	430101234590871	C市中山路23号，87654142	中行中山路支行	29900066

（2）12月份产量及生产工时如表5-3所示。

表5-3　12月份产量及生产工时

产品名称	投料方式	完工产量	在产品数量	投料程度	完工程度	生产工时
甲产品	一次投料	3000个	1000个	—	60%	420工时
乙产品	逐步投料	4000个	1000个	80%	20%	380工时

（二）模拟企业有关账户余额

1. 2017年11月30日总分类账余额如表5-4所示。

表5-4　总分类账余额

资产类账户		权益类账户	
账户名称	借方余额	账户名称	贷方余额
库存现金	11059.20	应交税费	-57889.80
银行存款	1814455.89	其他应付款	2000.00

续表

资产类账户		权益类账户	
账户名称	借方余额	账户名称	贷方余额
其他货币资金	100000.00	实收资本	7000000.00
应收账款	26380.00	资本公积	300000.00
坏账准备	-6490.00	盈余公积	251000.00
预付账款	-283760.00	利润分配	94713.35
其他应收款	3000.00	本年利润	1337610.00
在途物资	328000.00		
原材料	2573760.00		
生产成本	417408.46		
库存商品	1570750.00		
周转材料	850.00		
固定资产	4321000.00		
累计折旧	-1948980.00		
合　计	8927433.55	合　计	8927433.55

2. 2017年11月30日总有关明细分类账余额如表5-5～表5-8所示。

表5-5　往来款项明细科目余额

总账科目	明细科目	借方余额	贷方余额
应收账款	G市德利贸易有限公司	26380.00	
坏账准备	应收账款坏账准备		6490.00
预付账款	B市云峰有限公司		283760.00
其他应收款	陈跃荣	3000.00	
在途物资	B市云峰有限公司	328000.00	
应交税费	应交增值税	57889.80	
其他应付款	A市瑞祥贸易行押金		2000.00

表5-6　存货类账户明细科目余额

总账科目	明细科目	规格	单位	数量	单价/元	金额/元
原材料	X材料		千克	13500	95.20	1285200.00
	Y材料		千克	23600	54.60	1288560.00
库存商品	甲产品		个	1400	680.00	952000.00
	乙产品		个	1650	375.00	618750.00
周转材料	塑料箱		个	100	8.50	850.00

表5-7　固定资产明细账余额　　　　　　　　　　　　　　　　　　　　单位：元

明细科目	借方余额	月折旧率
生产用房屋及建筑物	2000000.00	0.25%
办公用房屋及建筑物	150000.00	0.25%
生产用机器设备	2141000.00	0.75%
行政部办公设备	20000.00	0.75%
销售部办公设备	10000.00	0.75%

表5-8　生产成本明细账余额　　　　　　　　　　　　　　　　　　　　单位：元

产品名称	合计	直接材料费	直接人工费	制造费用
甲产品	278828.80	202500.90	75560.56	767.34
乙产品	138579.66	98067.68	39525.78	986.20

（三）模拟企业经济业务内容及原始凭证

1. 模拟企业2017年12月份经济业务内容。

（1）2日，上月购X材料和Y材料，验收入原料库。

（2）2日，补付B市云峰有限公司购材料货款。

（3）3日，销售部陈跃荣报销差旅费，出差时间：2017年11月28日至12月2日（填写原始凭证）。

（4）4日，支付职工技术培训班讲课教师酬金并结转。

（5）5日，购买零件，车间维修生产设备（经营租赁设备）用。

（6）6日，支付费用。

（7）8日，向C市奇力股份有限公司销售甲产品6箱，计600个，单价1052元/个；乙产品3箱，计300个，单价603元/个。在所签约的12020801购销合同中注明的付款（按价款）条件为（2/10，1/20，n/30）。货款暂未收到（填写原始凭证）。

（8）8日，支付销售产品的运杂费。

（9）10日，缴社会保险费，并分配计入成本费用。

（10）10日，缴住房公积金，并分配计入成本费用。

（11）11日，支付生产车间租金。

（12）13日，购入包装物，以支票付款。

（13）14日，购入的R019型纸箱运达，其中200个纸箱淋湿造成报废，责任待明确。

（14）14日，购入材料支付货款。

（15）15日，收到C市奇力股份有限公司支付8日购买甲、乙产品货款的银行汇票（解讫通知联略，填写原始凭证）。

（16）16日，材料验收入库，结转成本（填写原始凭证）。
（17）16日，财务部购买账簿。
（18）18日，以银行存款支付电费。
（19）19日，林琳报销费用。
（20）20日，报废纸箱的处理意见。
（21）22日，华宝贤报销会议水果费。
（22）26日，销售产品。
（23）31日，月末进行材料存货盘点。
（24）31日，结转发出材料成本（填写原始凭证）。
（25）31日，查明盘亏材料的原因。
（26）31日，开出支票，委托银行转发当月工资（填写原始凭证）。
（27）31日，结转工资结算中各种代扣款项。
（28）31日，分配工资费用（填写原始凭证）。
（29）31日，分配本月电费（生产甲产品用电45600度，生产乙产品用电59800度，车间用电1380度，行政部用电2220度，填写原始凭证）。
（30）31日，计提本月固定资产折旧（填写原始凭证）。
（31）31日，按产品生产工时分配本月制造费用（填写原始凭证）。
（32）31日，计算产品成本，并结转完工产品成本（填写原始凭证）。
（33）31日，结转已销产品成本（填写原始凭证）。
（34）31日，计算本月应交增值税（填写原始凭证）。
（35）31日，计算本月应交城市维护建设税、应交教育费附加（填写原始凭证）。
（36）31日，结转本月损益类账户。
（37）31日，按25%的税率计算本月所得税费用（填写原始凭证），并结转。
（38）31日，结转本年净利润。
（39）31日，按本年税后利润的10%提取盈余公积（填写原始凭证）。
（40）31日，按可分配利润的50%分配现金股利（填写原始凭证）。
（41）31日，将利润分配其他明细账户结转至未分配利润。

2. 模拟企业2017年12月份经济业务内容，各项经济业务所涉及的原始凭证如表5-9～表5-88所示。

（原始凭证单面印刷，便于实训时裁剪下来，附于记账凭证之后。）

业务1-1

表5-9

收料单(财会联)

2017年12月02日   No：100202

供应单位：B市云峰公司   发票号码：66786296   仓库：101号

材料编号	材料名称	规格	计量单位	数量	
				应收	实收
	X材料		千克	1500	1500
	Y材料		千克	3500	3500

仓库主管：罗辑   验收：白丽   核算：陈聪华   交料人：王虹   制单：白丽

业务1-2

表5-10

材料采购成本计算表

2017年12月02日   单位：元

材料名称	单价	重量/千克	买价	采购费用					实际采购成本	单位成本	备注
				分配标准	分配率	分配金额	不需分配	合计			
X材料	95	1500	142500						142500	95	
Y材料	53	3500	185500						185500	53	
合计			328000						328000		

复核：柳明阳   制表：陈聪华

业务2

表5-11

中国建设银行　电汇凭证（回单）1

☑普通	□加急	委托日期	2017 年 12 月 2 日		
付款人	全　称	A市新业有限公司	收款人	全　称	B市云峰有限公司
	账　号	36184624		账　号	865875088
	开户银行	建行长江路支行		开户银行	工行黄河路支行
	汇出地点	广东省A市		汇入地点	广东省B市

金额	人民币（大写）	贰拾捌万叁仟柒佰陆拾元整	亿 千 百 十 万 千 百 十 元 角 分
			￥　　　2 8 3 7 6 0 0 0

中国工商银行股份有限公司
A市长江路支行
★ 2017.12.02 ★
业务办理章　汇出行签章

支付密码

附加信息及用途：

复核：王明　　记账：刘欢

业务3-1

表5-12

业务3-2

表5-13

业务3-3

表5-14

山东增值税普通发票

发票代码：372017870510568
发票代码：10013716
开票日期：2017 年 12 月 02 日

购货单位	名称：A市新业有限公司 纳税人识别号：440101876543210 地址、电话：A市长江路7号 8310106 开户行及账号：建行长江路支行 36184624	密码区	（略）

货物或应税劳务名称	规格型号	单位	数量	单价	金额	税率	税额
住宿费	802	天	4	145.6311	582.52	3%	17.48
合计					￥582.52		￥17.48

价税合计（大写）：陆佰元整　　　　　　　（小写）￥600.00

销货单位	名称：济南美加美家酒店 纳税人识别号：372010870510568 地址、电话：济南市天河路18号 0531—86180783 开户行及账号：建行营业部 372000686877	备注	济南美加美家酒店 372010870510568 发票专用章

收款人：鲁桂芳　　复核：王丹　　开票人：卢伟明　　销货单位（章）

业务3-4

表5-15

航空运输电子客票行程单

国家税务总局监制　　　　　　　　　　　　　　印刷序号：9240007808

旅客姓名 Chen Yue Rong 陈跃荣	有效身份证件号码 440102198006270409	ENDORSEMENTSRESTI ONS(CARBON) 签注：不得签转按南航总则执行

GEF	承运人	航班号	座位等级	日期	时间	客票类别	客票生效日期	有效截止日期	免费行李
自 FROM 广州 CZ 至 TO 济南 NG	FM	3609	P	28NOV	08:50	YB30			20千克
至 TO 广州 CZ	FM	9055	E	02DEC	15:35				20千克

广州白云国际机场股份有限公司
440006324000583
发票专用章

票价	机场建设	燃油附加费	其他税费	合计
CNY 1440.00	CN 100.00	YQ 200.00		CNY 1740.00

电子客票号码：9240007808　　验证码：7090　　连续客票　　保险费　　开票日期：2017 年 11 月 26 日

业务3-5

表5-16

收 据

年 月 日   No.00236

今收到＿＿＿＿＿＿＿＿＿＿＿＿＿＿＿＿＿＿＿＿＿＿＿＿＿＿＿＿＿＿＿＿

金额（大写）　　拾　　万　　仟　　佰　　拾　　元　　角　　分（￥　　　）

收款单位（盖章）　　　　　　　　开票：　　　　　　　　　　　收款：

第三联 记账联

业务3-6

表5-17

差旅费报销单

年 月 日

出差人：					职务：				部门：			
出差事由：												
起止日期及地点					交通费			住宿费		出差补贴		合计金额
月	日	起点	月	日	终点	交通工具	单据张数	金额	标准	天数	金额	人数	天数	补贴标准	金额
合计（大写）：								￥				
预支金额			退回金额			补领金额				附单据　张		
单位负责人意见：			会计审核：			部门负责人意见：				出差人签名：		

业务4

表5-18

职工技术培训教师讲课酬金发放表

2017 年 12 月04日

姓　名	技术职称	讲课酬金	领款人签章	备　注
吴晓明	高级工程师	500.00	吴晓明	
金额合计（大写）：伍佰元整		现金付讫	（小写）￥500.00	
领导审批：李中华	会计主管：柳明阳		制表：陈聪华	

业务5

表5-19

广东增值税普通发票

发票代码：440103870510568
发票号码：21098745
开票日期：2017 年 12 月 05 日

购货单位	名称：A市新业有限公司						密码区	（略）		
	纳税人识别号：440101876543210									
	地址、电话：A市长江路7号 8310106									
	开户行及账号：建行长江路支行 36184624									
货物或应税劳务名称	规格型号	单位	数量	单价	金额	税率	税额			
设备零件	12-345	套	5	235.9223	1179.61	3%	35.39			
合 计					¥1179.61		¥35.39			
价税合计（大写）	壹仟贰佰壹拾伍元整				（小写） ¥1215.00					
销货单位	名称：A市惠民物资经营部						备注	A市惠民物资经营部 440103258347066 发票专用章		
	纳税人识别号：440103258347066									
	地址、电话：A市天河路18号 8307833									
	开户行及账号：建行营业部 440100686877									

收款人：张国忠 复核：王虹 开票人：李勇 销货单位（章）

现金付讫

业务6-1

表5-20

广东增值税普通发票

发票代码：450103870510568
发票号码：2006458
开票日期：2017 年 12 月 05 日

购货单位	名称：A市新业有限公司						密码区	（略）		
	纳税人识别号：440101876543210									
	地址、电话：A市长江路7号 8310106									
	开户行及账号：建行长江路支行 36184624									
货物或应税劳务名称	规格型号	单位	数量	单价	金额	税率	税额			
甲产品广告费		次	3	1456.31	4368.93	3%	131.07			
招聘员工广告费		次	1	1941.75	1941.75	3%	58.25			
合 计					¥6310.68		¥189.32			
价税合计（大写）	陆仟伍佰元整				（小写） ¥6500.00					
销货单位	名称：A市广告有限公司						备注	A市广告有限公司 450105512345988 发票专用章		
	纳税人识别号：450105512345988									
	地址、电话：A市天河路68号 8307777									
	开户行及账号：建行营业部 450100686888									

收款人：刘铭 复核：刘铭 开票人：黄芳 销货单位（章）

业务6-2

表5-21

```
中国建设银行
支票存根
50322331
38914311

附加信息_____
_____

出票日期：2017年12月6日
收款人：A市广告有限公司
金　额：￥6500.00
用　途：广告费
单位主管：李中华　会计：柳明阳
```

业务7-1

表5-22

产品出库单

2017年12月08日　　　　　　　　　　　　　　　　　　　　　　　　No.501

品　名	计量单位	发出数量	备　注
甲产品	个	600	
乙产品	个	300	

单位负责人：李中华　　　　　发货人：白丽　　　　　经办人：陈聪华

业务7-2

表5-23

广东增值税专用发票

No 60140995

此联不作报税务机关抵扣凭证使用　　开票日期：　　年　月　日

购货单位	名　　　称：								
	纳税人识别号：								
	地　址、电　话：				密码区		（略）		
	开户行及账号：								
货物或应税劳务名称	规格型号	单位	数量	单价		金额		税率	税额
合　　计									
价税合计（大写）						（小写）			
销货单位	名　　　称：				备注				
	纳税人识别号：						A市新业有限公司		
	地　址、电　话：						440101876543210		
	开户行及账号：						发票专用章		

收款人：　　　复核：　　　开票人：　　　销货单位（章）

业务8-1

表5-24

广东增值税专用发票

No 9087650999

开票日期：2017 年 12 月 08 日

购货单位	名　　　称：A市新业有限公司								
	纳税人识别号：440101876543210								
	地　址、电　话：A市长江路7号　8310106				密码区		（略）		
	开户行及账号：建行长江路支行　36184624								
货物或应税劳务名称	规格型号	单位	数量	单价		金额		税率	税额
运输费		公里	1000	2.00		2000.00		11%	220.00
合　　计						￥2000.00			￥220.00
价税合计（大写）	贰仟贰佰贰拾元整					（小写）	￥2220.00		
销货单位	名　　　称：A市顺捷有限公司				备注				
	纳税人识别号：440101200007891						A市顺捷有限公司		
	地　址、电　话：A市南京路18号　68004398						440101200007891		
	开户行及账号：工行南京路支行　440022558						发票专用章		

收款人：陈红霞　　复核：邓永　　开票人：程付林　　销货单位（章）

业务8-2

表5-25

广东增值税专用发票

No 9087650999

开票日期：2017 年 12 月 08 日

购货单位	名　　　称：A市新业有限公司	密码区	（略）
	纳税人识别号：440101876543210		
	地址、电话：A市长江路7号　8310106		
	开户行及账号：建行长江路支行　36184624		

货物或应税劳务名称	规格型号	单位	数量	单价	金额	税率	税额
运输费		公里	1000	2.00	2000.00	11%	220.00
合　　计					￥2000.00		￥220.00

价税合计（大写）	贰仟贰佰贰拾元整		（小写）￥2220.00

销货单位	名　　　称：A市顺捷有限公司	备注	
	纳税人识别号：440101200007891		
	地址、电话：A市南京路18号　68004398		
	开户行及账号：工行南京路支行　440022558		

收款人：陈红霞　　复核：邓永　　开票人：程付林　　销货单位（章）

业务8-3

表5-26

中国建设银行
支票存根
50322331
38914312

附加信息

出票日期：2017年12月8日
收款人：A市顺捷有限公司
金　额：￥2220.00
用　途：运输费

单位主管：李中华　　会计：柳明阳

业务9-1

表5-27

社会保险费电子转账凭证

凭证号：12553230

2017 年 12 月 10 日　　　　　　　　　　　　　凭证提交号：080348

付款人	全　称	A市新业有限公司	收款人	全　称	A市地方税务局长江路征收分局
	账　号	36184624		账　号	66051135
	开户银行	建行长江路支行		开户银行	建行A市支行
金额（大写）		伍仟贰佰捌拾伍元壹角整		（小写）	￥5285.10
摘要	代扣号：****20019，2017年12月社保费 养老小计：3500.00　单位养老：2500.00　个人养老：1000.00 失业小计：375.00　单位失业：250.00　个人失业：125.00 医疗小计：1250.00　单位医疗：1000.00　个人医疗：250.00 工伤小计：58.94　单位工伤：58.94 生育小计：101.16　单位生育：101.16					上述款项已从付款人账户中划转。 中国建设银行股份有限公司 A市长江路支行 2017.12.10 （银行盖章） 业务办理章 复核：王明　记账：刘欢
备注	1.本凭证按《关于A市财政、税务、国库、银行实现计算机联网后有关票据使用问题的通知》（A财库【2001】1296号）规定作为缴费人缴纳社保费的会计核算凭证。 2.本凭证一式两联：第一联作开户银行的记账凭证，第二联作缴费单位的记账凭证。					

业务9-2

表5-28

A市新业有限公司社会保险费分配汇总表

2017年12月10日　　　　　　　　　　　　　　　　　单位：元

部　门	名　称	基本养老保险	失业保险	基本医疗保险	工伤保险	生育保险	合　计
生产部	甲产品生产人员	160.00	16.00	64.00	3.77	6.47	250.24
	乙产品生产人员	160.00	16.00	64.00	3.77	6.47	250.24
	生产主管	280.00	28.00	112.00	6.60	11.33	437.93
销售部		340.00	34.00	136.00	8.02	13.76	531.78
行政部、采购部、财务部		1560.00	156.00	624.00	36.78	63.13	2439.91
合　计		2500.00	250.00	1000.00	58.94	101.16	3910.10

复核：柳明阳　　　　　　　　　　　　　　　　　　　　　　　制表：陈聪华

业务10-1

表5-29

中国建设银行广东省分行住房公积金汇缴书

2017年12月10日　　　　　　　　字第682号

单位名称	A市公积金管理处				汇缴：2017年12月								
开户行	建行春光路支行	单位账号	45208901		汇缴：19人								
金额（大写）	贰仟元整				千	百	十	万	千	百	十	元	角	分
									¥	2	0	0	0	0	0
上次汇缴		本次增加汇缴		本次减少汇缴		本次汇缴							
人数	金额	人数	金额	人数	金额	人数			金额				
19	2000.00								2000.00				
付款单位	A市新业有限公司				上述款项已从付款人账户中划转。此致（银行盖章）								
付款账号	36184624												
付款行	建行长江路支行				复核：王明　　记账：刘欢								

（银行盖章：中国建设银行股份有限公司 A市长江路支行 2017.12.10 业务办理章）

业务10-2

表5-30

A市新业有限公司住房公积金分配汇总表

2017年12月10日　　　　　　　　单位：元

部　　门		生产人员	管理人员	合　　计
生产部	甲产品	64.00		64.00
	乙产品	64.00		64.00
	车间		112.00	112.00
销售部			136.00	136.00
公司管理部			624.00	624.00
合　　计		128.00	872.00	1000.00

复核：柳明阳　　　　　　　　　　　　　　　　制表：陈聪华

项目五 综合模拟实训

业务11-1

表5-31

```
中国建设银行
支票存根
50322331
38914313
附加信息
_____
_____
出票日期：2017年12月11日
收款人：永丰村管理委员会
金　额：￥5213.60
用　途：厂房租金
单位主管：李中华　　　会计：柳明阳
```

业务11-2

表5-32

广东增值税普通发票

发票代码：440106913648902
发票号码：1480188
开票日期：2017 年 12 月 11 日

购货单位	名　　　称：A市新业有限公司 纳税人识别号：440101876543210 地址、电话：A市长江路7号　8310106 开户行及账号：建行长江路支行　36184624	密码区	（略）
货物或应税劳务名称	规格型号	单位	数量	单价	金额	税率	税额
厂房租金	14号厂房	月	1	5061.75	5061.75	3%	151.85
合　　计					￥5061.75		￥151.85
价税合计（大写）	伍仟贰佰壹拾叁元陆角整			（小写）　￥5213.60
销货单位	名　　　称：A市惠民物资经营部 纳税人识别号：44010388049221X 地址、电话：A市永丰北路2号　36278090 开户行及账号：建行营业部　440100686666	备注	永丰村管理委员会 44010388049221X 发票专用章

收款人：王素珍　　复核：王素珍　　开票人：吴伟国　　销货单位（章）

业务12-1

表5-33

广东增值税专用发票

No 9087650909

开票日期：2017 年 12 月 12 日

购货单位	名　　　称：A市新业有限公司					密码区		（略）		
	纳税人识别号：440101876543210									
	地址、电话：A市长江路7号　8310106									
	开户行及账号：建行长江路支行　36184624									
货物或应税劳务名称	规格型号		单位	数量	单价		金额		税率	税额
R019型纸箱			个	1000	12.50		12500.00		17%	2125.00
合　　　计							￥12500.00			￥2125.00
价税合计（大写）			壹万肆仟陆佰贰拾伍元整					（小写）		￥14625.00
销货单位	名　　　称：D市万兴贸易有限公司					备注	D市万兴贸易有限公司 410188816763085 发票专用章			
	纳税人识别号：410188816763085									
	地址、电话：北京路18号　68004390									
	开户行及账号：工行北京路支行　440022557									

收款人：陈霞红　　　复核：邓鸿　　　开票人：李辉　　　销货单位（章）

业务12-2

表5-34

广东增值税专用发票

No 9087650909

开票日期：2017 年 12 月 12 日

购货单位	名　　　称：A市新业有限公司					密码区		（略）		
	纳税人识别号：440101876543210									
	地址、电话：A市长江路7号　8310106									
	开户行及账号：建行长江路支行　36184624									
货物或应税劳务名称	规格型号		单位	数量	单价		金额		税率	税额
R019型纸箱			个	1000	12.50		12500.00		17%	2125.00
合　　　计							￥12500.00			￥2125.00
价税合计（大写）			壹万肆仟陆佰贰拾伍元整					（小写）		￥14625.00
销货单位	名　　　称：D市万兴贸易有限公司					备注				
	纳税人识别号：410188816763085									
	地址、电话：北京路18号　68004390									
	开户行及账号：工行北京路支行　440022557									

收款人：陈霞红　　　复核：邓鸿　　　开票人：李辉　　　销货单位（章）

业务12-3

表5-35

```
            中国建设银行
              支票存根
              50322331
              38914314

附加信息

出票日期：2017年12月13日
收款人：D市万兴贸易有限公司
金    额：￥14625.00
用    途：货款
单位主管：李中华      会计：柳明阳
```

业务13-1

表5-36

收料单（财会联）

2017年12月14日　　　　　　　　　　　No：100203

供应单位：D市万兴贸易有限公司　　发票号码：9087650909　　仓库：101号

材料编号	材料名称	规格	计量单位	数量	
				应收	实收
	R019		个	1000	800

备注：200个纸箱淋湿造成报废，责任待明确。

仓库主管：罗辑　　验收：白丽　　核算：陈聪华　　交料人：王虹　　制单：白丽

业务14-1

表5-37

广东增值税专用发票

No 3980607589

开票日期：2017 年 12 月 13 日

购货单位	名　　称：A市新业有限公司						
	纳税人识别号：440101876543210						
	地址、电话：A市长江路7号　8310106						
	开户行及账号：建行长江路支行　36184624						
货物或应税劳务名称	规格型号	单位	数量	单价	金额	税率	税额
X材料		千克	3000	94.50	283500.00	17%	48195.00
Y材料		千克	4000	55.40	221600.00	17%	37672.00
合　　计					￥505100.00		￥85867.00
价税合计（大写）	伍拾玖万零玖佰陆拾柒元整					（小写）￥590967.00		
销货单位	名　　称：B市云峰有限公司						
	纳税人识别号：42017120890700J						
	地址、电话：B市黄河路38号　62500019						
	开户行及账号：工行黄河路支行　865875088						

密码区　（略）

备注：

B市云峰有限公司　42017120890700J　发票专用章

第三联　发票联　购货方记账凭证

收款人：李瑞　　　复核：陈成　　　开票人：惠明洋　　　销货单位（章）

业务14-2

表5-38

广东增值税专用发票

No 3980607589

开票日期：2017 年 12 月 13 日

购货单位	名　　称：A市新业有限公司						
	纳税人识别号：440101876543210						
	地址、电话：A市长江路7号　8310106						
	开户行及账号：建行长江路支行　36184624						
货物或应税劳务名称	规格型号	单位	数量	单价	金额	税率	税额
X材料		千克	3000	94.50	283500.00	17%	48195.00
Y材料		千克	4000	55.40	221600.00	17%	37672.00
合　　计					￥505100.00		￥85867.00
价税合计（大写）	伍拾玖万零玖佰陆拾柒元整					（小写）￥590967.00		
销货单位	名　　称：B市云峰有限公司						
	纳税人识别号：42017120890700J						
	地址、电话：B市黄河路38号　62500019						
	开户行及账号：工行黄河路支行　865875088						

密码区　（略）

备注：

第二联　抵扣联　购货方扣税凭证

收款人：李瑞　　　复核：陈成　　　开票人：惠明洋　　　销货单位（章）

业务14-3

表5-39

广东增值税专用发票

No 06146383

开票日期：2017 年 12 月 13 日

购货单位	名　　称：A市新业有限公司							
	纳税人识别号：440101876543210							
	地　址、电话：A市长江路7号　8310106							
	开户行及账号：建行长江路支行　36184624							
密码区	（略）							
货物或应税劳务名称	规格型号	单位	数量	单价	金额	税率	税额
运输费	X材料	包	40	55.80	2232.00	11%	245.52
运输费	Y材料	包	30	55.80	1674.00	11%	184.14
合　　　　计					￥3906.00		￥429.66
价税合计（大写）	肆仟叁佰叁拾伍元陆角陆分				（小写）　￥4335.66		
销货单位	名　　称：B市顺捷有限公司						
	纳税人识别号：42020180567891						
	地　址、电话：B市北京路18号　68004666						
	开户行及账号：工行北京路支行　440022666						
备注							

收款人：陈霞　　　复核：邓勇　　　开票人：刘靖　　　销货单位（章）

业务14-4

表5-40

广东增值税专用发票

No 06146383

开票日期：2017 年 12 月 13 日

购货单位	名　　称：A市新业有限公司							
	纳税人识别号：440101876543210							
	地　址、电话：A市长江路7号　8310106							
	开户行及账号：建行长江路支行　36184624							
密码区	（略）							
货物或应税劳务名称	规格型号	单位	数量	单价	金额	税率	税额
运输费	X材料	包	40	55.80	2232.00	11%	245.52
运输费	Y材料	包	30	55.80	1674.00	11%	184.14
合　　　　计					￥3906.00		￥429.66
价税合计（大写）	肆仟叁佰叁拾伍元陆角陆分				（小写）　￥4335.66		
销货单位	名　　称：B市顺捷有限公司						
	纳税人识别号：42020180567891						
	地　址、电话：B市北京路18号　68004666						
	开户行及账号：工行北京路支行　440022666						
备注							

收款人：陈霞　　　复核：邓勇　　　开票人：刘靖　　　销货单位（章）

业务14-5

表5-41

No 74454202

开票日期：2017 年 12 月 13 日

购货单位	名称：A市新业有限公司						密码区	（略）		
	纳税人识别号：440101876543210									
	地址、电话：A市长江路7号 8310106									
	开户行及账号：建行长江路支行 36184624									
货物或应税劳务名称	规格型号	单位	数量	单价	金额			税率	税额	
财产险	P10055541050109	单	1	4200	4200.00			6%	252.00	
合　　　计					¥4200.00				¥252.00	
价税合计（大写）	肆仟肆佰伍拾贰元整						（小写） ¥4452.00			
销货单位	名称：中国人民保险公司A市分公司						备注	中国人民保险公司A市分公司 4010182056789 发票专用章		
	纳税人识别号：4010182056789									
	地址、电话：A市北京路108号 68008888									
	开户行及账号：工行北京路支行 440028888									

收款人：秦慧杰　　复核：王利　　开票人：车强华　　销货单位（章）

业务14-6

表5-42

No 74454202

开票日期：2017 年 12 月 13 日

购货单位	名称：A市新业有限公司						密码区	（略）		
	纳税人识别号：440101876543210									
	地址、电话：A市长江路7号 8310106									
	开户行及账号：建行长江路支行 36184624									
货物或应税劳务名称	规格型号	单位	数量	单价	金额			税率	税额	
财产险	P10055541050109	单	1	4200	4200.00			6%	252.00	
合　　　计					¥4200.00				¥252.00	
价税合计（大写）	肆仟肆佰伍拾贰元整						（小写） ¥4452.00			
销货单位	名称：中国人民保险公司A市分公司						备注			
	纳税人识别号：4010182056789									
	地址、电话：A市北京路108号 68008888									
	开户行及账号：工行北京路支行 440028888									

收款人：秦慧杰　　复核：王利　　开票人：车强华　　销货单位（章）

项目五　综合模拟实训

业务14-7

表5-43
托收凭证（付款通知）5

委托日期 2017 年 12 月 13 日　　　付款期限：2017年12月16日

	业务类型	委托收款（□邮划、□电划）		托收承付（□邮划、□电划）	
付款人	全　称	A市新业有限公司	收款人	全　称	B市云峰有限公司
	账　号	36184624		账　号	865875088
	开户银行	建行长江路支行		开户银行	工行黄河路支行
	地　址	广东省A市		地　址	广东省B市

金额	人民币（大写）	伍拾玖万玖仟柒佰伍拾肆元陆角陆分	亿	千	百	十	万	千	百	十	元	角	分
		¥			5	9	9	7	5	4	6	6

款项内容	购货款	托收凭据名称	购销合同及发票	附寄单证张数	7
商品发运情况		已发运	合同名称及号码	购销合同 Y102	

备注：

付款人开户银行收到日期

2017 年 12 月 14 日

（中国建设银行股份有限公司 A市长江路支行 2017.12.14 转讫）

收款人开户银行签章

2017 年 12 月 14 日

付款人注意：
1. 根据支付结算办法，上列委托收款（托收承付）款项在付款期限内未提出拒付，即视为同意付款，以此代付款通知。
2. 如需提出全部或部分拒付，应在规定期限内，将拒付理由书并附债务证明退交开户银行。

复核：王明　　记账：刘欢

业务15-1

表5-44-1

中国银行
银行汇票2

汇票号码 第1004号

提示付款期限自出票之日起壹个月

出票日期（大写）	贰零壹柒年壹拾贰月壹拾叁日	代理付款行：中行中山支行　行号：
收款人：	A市新业有限公司	账号：36184624
出票金额	人民币（大写）	壹佰万元整

实际结算金额	人民币（大写）		亿	千	百	十	万	千	百	十	元	角	分

申请人：	C市奇力股份有限公司	账号或地址：29000066
出票行：中行中山支行		行号：

备注：

凭票付款

（中国银行股份有限公司 524014 汇票专用章）

（铃印 刘晓）

密押			科目（借）	
	多余金额		对方科目（贷）	
亿 千 百 十 万 千 百 十 元 角 分			兑付日期　年　月　日	
			复核　　　记账	

此联代理付款行付款后作联行往来借方凭证附件

业务15-2

表5-44-2
（银行汇票背面）

被背书人	被背书人
背书人签章 年　月　日	背书人签章 年　月　日

持票人向银行 提示付款签章	身份证名称	发证机关
	号　码	

业务15-3

表5-45
中国建设银行　进账单（回　单）1
年　　月　　日　　　　　　　　　　　　　　XV 96679009

付款人	全　称		收款人	全　称	
	账　号			账　号	
	开户银行			开户银行	
金额	人民币 （大写）	亿千百十万千百十元角分			
票据种类		票据张数			
票据号码					
复核　　　　　记账					

（中国建设银行股份有限公司 A市长江路支行 2017.12.15 转讫）

此联是开户银行交给持（出）票人的回单

业务16-1

表5-46
收料单（财会联）

2017年12月16日　　　　　　　　　　　No：100204

供应单位：B市云峰公司　　发票号码：3980607589　　仓库：101号

材料编号	材料名称	规格	计量单位	数量	
				应收	实收
	X材料		千克	3000	3000
	Y材料		千克	4000	4000

仓库主管：罗辑　　验收：白丽　　核算：陈聪华　　交料人：王虹　　制单：白丽

业务16-2

表5-47

材料采购成本计算表

年　月　日　　　　　　　　　　　　　　　　　　　　　　　单位：元

材料名称	单价	重量/千克	买价	采购费用					实际采购成本	单位成本	备注
				分配标准	分配率	分配金额	不需分配	合计			
											按重量分配采购费用
合计											

复核：　　　　　　　　　　　　　　　　　　制表：

业务17

表5-48

 广东增值税普通发票　　发票代码：440102870510568

发票号码：12098056

开票日期：2017 年 12 月 15 日

购货单位	名　　　称：A市新业有限公司	密码区	（略）	第二联　发票联　购货方记账凭证
	纳税人识别号：440101876543210			
	地址、电话：A市长江路7号　8310106			
	开户行及账号：建行长江路支行　36184624			
货物或应税劳务名称	规格型号	单位	数量	单价	金额	税率	税额
账　簿	123-456	本	10	12.233	122.33	3%	3.67
合　　　计					￥122.33		￥3.67
价税合计（大写）	壹佰贰拾陆元整				（小写） ￥126.00		
销货单位	名　　　称：便捷文具店	备注		
	纳税人识别号：44010234545644H			
	地址、电话：A市解放路28号　8180783			
	开户行及账号：建行营业部　440102686855			

收款人：梁红绫　　　复核：梁红绫　　　开票人：陈文吕　　　销货单位（章）

业务18-1

表5-49

广东增值税专用发票

No 438907290

开票日期：2017 年 12 月 17 日

| 购货单位 | 名　　　称：A市新业有限公司
纳税人识别号：440101876543210
地　址、电　话：A市长江路7号　8310106
开户行及账号：建行长江路支行　36184624 | 密码区 | （略） |

货物或应税劳务名称	规格型号	单位	数量	单价	金额	税率	税额
工业电		度	109000	0.80	87200.00	17%	14824.00
合　　　计					￥87200.00		￥14824.00

| 价税合计（大写） | 壹拾万零贰仟零贰拾肆元整 | （小写）￥102024.00 |

| 销货单位 | 名　　　称：A市供电公司
纳税人识别号：440103258139065
地　址、电　话：A市白云路74号　84570056
开户行及账号：建行白云支行　123000789 | 备注 | A市供电公司
440103258139065
发票专用章 |

收款人：陈庭坚　　复核：崔景明　　开票人：黎春梅　　销货单位（章）

第三联　发票联　购货方记账凭证

业务18-2

表5-50

广东增值税专用发票

No 438907290

开票日期：2017 年 12 月 17 日

| 购货单位 | 名　　　称：A市新业有限公司
纳税人识别号：440101876543210
地　址、电　话：A市长江路7号　8310106
开户行及账号：建行长江路支行　36184624 | 密码区 | （略） |

货物或应税劳务名称	规格型号	单位	数量	单价	金额	税率	税额
工业电		度	109000	0.80	87200.00	17%	14824.00
合　　　计					￥87200.00		￥14824.00

| 价税合计（大写） | 壹拾万零贰仟零贰拾肆元整 | （小写）￥102024.00 |

| 销货单位 | 名　　　称：A市供电公司
纳税人识别号：440103258139065
地　址、电　话：A市白云路74号　84570056
开户行及账号：建行白云支行　123000789 | 备注 | |

收款人：陈庭坚　　复核：崔景明　　开票人：黎春梅　　销货单位（章）

第二联　抵扣联　购货方扣税凭证

项目五 综合模拟实训

业务18-3

表5-51

中国建设银行特种转账借方凭证1

2017 年 12 月 18 日   流水号：4579

付款人	全 称	A市新业有限公司	收款人	全 称	A市供电公司										
	账 号	36184624		账 号	123000789										
	开户银行	建行长江路支行		开户银行	建行白云支行										
金额	人民币（大写）	壹拾万零贰仟零贰拾肆元整			亿	千	百	十	万	千	百	十	元	角	分
						¥	1	0	2	0	2	4	0	0	
用途	代收电费														

复核：王明   记账：刘欢

（中国建设银行股份有限公司 A市长江路支行 2017.12.18 转讫）

此联是付款人开户银行交付款人记账

业务19-1

表5-52

支出报销单

第 2 号

2017 年 12 月 19 日   附原始单据 1 张

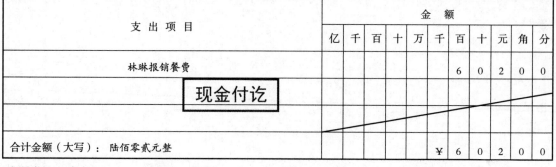

领导审批：李中华   会计：陈聪华   出纳：王小玲   报销人：林琳

业务19-2

表5-53

广东增值税普通发票

发票代码：440244011107030
发票号码：05665791
开票日期：2017 年 12 月 18 日

购货单位	名　　称：A市新业有限公司	密码区		
	纳税人识别号：440101876543210		（略）	
	地址、电话：A市长江路7号　8310106			
	开户行及账号：建行长江路支行　36184624			

货物或应税劳务名称	规格型号	单位	数量	单价	金额	税率	税额
餐饮费		餐	1	584.47	584.47	3%	17.53
合　　计					￥584.47		￥17.53

价税合计（大写）	陆佰零贰元整	（小写）　￥602.00

销货单位	名　　称：广州市嘉嘉有限公司	备注	
	纳税人识别号：440211132189325		广州市嘉嘉有限公司
	地址、电话：广州市天河路28号　0208-8807777		440211132189325
	开户行及账号：建行营业部　44021168687777		发票专用章

收款人：王珍珍　　　复核：王珍珍　　　开票人：吴国华　　　销货单位（章）

业务20-1

表5-54

材料购进短缺（溢余）报告表

2017年12月20日

品名	计量单位	应收数量	实收数量	短缺数量	溢余数量
R019型纸箱	个	1000	800	200	

购货单位：	短缺或溢余原因：	处理意见：由D市众邦物流公司赔偿
D市万兴贸易有限公司	雨水淋湿报废	80%，其余自行承担

领导审批：李中华　　　复核：柳明阳　　　制表：陈聪华

业务21-1

表5-55

收　据

2017 年 12 月 22 日　　　　　　　　　　　　　NO.80301

今收到　　A市新业有限公司　　华宝贤

　　　　　　　购水果款

金额（大写）　　壹佰元整　　　　　　　　　（小写）￥100.00

收款单位（盖章）　**花名水果铺**　　开票：王莎　　　　　　收款：王莎

第三联　记账联

业务22-1

表5-56

产品出库单

2017年12月26日　　　　　　　　　　　　　No.502

品　名	计量单位	发出数量	备　注
甲产品	个	3000	
乙产品	个	5000	

单位负责人：李中华　　　　发货人：白丽　　　　经办人：陈聪华

业务22-2

表5-57

广东增值税专用发票

No 60140996

此联不作为扣税凭证使用　　开票日期：2017 年 12 月 26 日

购货单位	名　　称：C市奇力股份有限公司 纳税人识别号：430101234590871 地址、电话：C市中山路23号　87654124 开户行及账号：中行中山路支行　29900066				密码区	（略）			
货物或应税劳务名称	规格型号	单位	数量	单价	金额		税率	税额	
甲产品		个	3000	1042.00	3126000.00		17%	531420.00	
乙产品		个	5000	596.00	2980000.00		17%	506600.00	
合　　计					￥6106000.00			￥1038020.00	
价税合计（大写）	柒佰壹拾肆万肆仟零贰拾元整					（小写）　￥7144020.00			
销货单位	名　　称：A市新业有限公司 纳税人识别号：440101876543210 地址、电话：A市长江路7号　8310106 开户行及账号：建行长江路支行　36184624				备注	A市新业有限公司 440101876543210 发票专用章			

收款人：王小玲　　复核：柳明阳　　开票人：陈聪华　　销货单位（章）

业务23-1

表5-58

存货盘点报告表

2017年12月31日

存货类别	名称规格	计量单位	数量		单价	盘盈		盘亏	
			账存	实存		数量	金额	数量	金额
原材料	X材料	千克	1000	1000					
原材料	Y材料	千克	100	96				4	218.62
周转材料	纸箱	个	720	720					
周转材料	塑料箱	个	100	100					
合计									218.62

复核：柳明阳　　　　　　　　　　　　　　制表：陈聪华

业务24-1

表5-59

领料单（财会联）　　　　　　　　　　　NO：201

用途：生产甲产品　　　　　　　　　　　　　　　2017年12月05日

材料名称及规格	计量单位	请领数量	实发数量	备注
X材料	千克	9000	9000	

经手人：朱平　　　　　　　　　　　　　保管员：白丽

业务24-2

表5-60

领料单（财会联）　　　　　　　　　　　NO：202

用途：生产甲产品　　　　　　　　　　　　　　　2017年12月05日

材料名称及规格	计量单位	请领数量	实发数量	备注
Y材料	千克	12000	12000	

经手人：朱平　　　　　　　　　　　　　保管员：白丽

业务24-3

表5-61

领料单（财会联）　　　　　　　　　　　NO：203

用途：生产乙产品　　　　　　　　　　　　　　　2017年12月05日

材料名称及规格	计量单位	请领数量	实发数量	备注
X材料	千克	4000	4000	

经手人：朱平　　　　　　　　　　　　　保管员：白丽

业务24-4

表5-62

领料单（财会联）　　　　　　　　　　　NO：204

用途：生产乙产品　　　　　　　　　　　　　　　2017年12月05日

材料名称及规格	计量单位	请领数量	实发数量	备注
Y材料	千克	12000	12000	

经手人：朱平　　　　　　　　　　　　　保管员：白丽

业务24-5

表5-63

领料单（财会联）　　　　　　　　　　　　　　　　　NO：205

用途：生产甲产品　　　　　　　　　　　　　　　　　　2017年12月14日

材料名称及规格	计量单位	请领数量	实发数量	备注
R019型纸箱	个	30	30	

经手人：朱平　　　　　　　　　　　　　　　保管员：白丽

业务24-6

表5-64

领料单（财会联）　　　　　　　　　　　　　　　　　NO：206

用途：生产乙产品　　　　　　　　　　　　　　　　　　2017年12月14日

材料名称及规格	计量单位	请领数量	实发数量	备注
R019型纸箱	个	40	40	

经手人：朱平　　　　　　　　　　　　　　　保管员：白丽

业务24-7

表5-65

领料单（财会联）　　　　　　　　　　　　　　　　　NO：207

用途：行政部门　　　　　　　　　　　　　　　　　　　2017年12月16日

材料名称及规格	计量单位	请领数量	实发数量	备注
R019型纸箱	个	10	10	

经手人：宋洪磊　　　　　　　　　　　　　　保管员：白丽

业务24-8

表5-66

领料单（财会联）　　　　　　　　　　　　　　　　　NO：208

用途：生产甲产品　　　　　　　　　　　　　　　　　　2017年12月18日

材料名称及规格	计量单位	请领数量	实发数量	备注
X材料	千克	3000	3000	

经手人：朱平　　　　　　　　　　　　　　　保管员：白丽

业务24-9

表5-67

领料单（财会联）

NO：209

用途：生产甲产品

2017年12月18日

材料名称及规格	计量单位	请领数量	实发数量	备注
Y材料	千克	4000	4000	

经手人：朱平　　　　　　　　　　　　　　　保管员：白丽

业务24-10

表5-68

领料单（财会联）

NO：210

用途：生产乙产品

2017年12月18日

材料名称及规格	计量单位	请领数量	实发数量	备注
X材料	千克	1000	1000	

经手人：朱平　　　　　　　　　　　　　　　保管员：白丽

业务24-11

表5-69

领料单（财会联）

NO：211
2017年12月18日

用途：生产乙产品

材料名称及规格	计量单位	请领数量	实发数量	备注
Y材料	千克	3000	3000	

经手人：朱平　　　　　　　　　　　　　　　保管员：白丽

业务24-12

表5-70

发出材料成本表

年　月　日

材料名称	期初结存		本期购进		加权平均单价	本期发出		期末结存	
	数量	金额	数量	金额		数量	金额	数量	金额
X材料									
Y材料									
纸箱									
合计									

复核：　　　　　　　　　　　　　　　制表：

业务24-13

表5-71

发出材料汇总表

领料单从　号至　号共　张　　　　　　　　　　　　　　　年　月　日

项目	X材料		Y材料		R019型纸箱		合计
	数量/千克	金额/元	数量/千克	金额/元	数量/千克	金额/元	
生产甲产品							
生产乙产品							
车间一般消耗							
行政部门领用							
合　计							

复核：　　　　　　　　　　　　　　　　制表：

业务25

表5-72

财产清查结果处理审批意见书

经公司总经理办公会议决定：由于盘亏材料是因管理不善造成的经营损失，因此同意作公司管理费用处理。

总经理：李中华

2017年12月31日

业务26-1

表5-73

| 中国建设银行
支票存根
50322331
38914315
附加信息_____
_____
出票日期：　年　月　日
收款人：
金额：
用途：
单位主管：　　　会计： | 中国建设银行　支票　　　　　　　50322331
　　　　　　　　　　　　　　　　38914315
出票日期（大写）　　年　月　日　　付款行名称：
收款人：　　　　　　　　　　　　出票人账号：

付款期限自出票之日起十天

人民币（大写）｜千｜百｜十｜万｜千｜百｜十｜元｜角｜分｜

用途：_____　　　　　　　　　密码_____
上列款项请从　　　　　　　　　　行号_____
我账户内支付

出票人签章：　　　　　复核：　　　　　记账： |

业务26-2

表5-74

(支票背面)

附加信息：	被背书人 背书人签章 年 月 日	被背书人 背书人签章 年 月 日	（粘贴单处）	根据《中华人民共和国票据法》等法律法规的规定，签发空头支票由中国人民银行处以票面金额5%但不低于1000元的罚款。

业务27

表5-75

A市新业有限公司工资结算汇总表

2017年12月31日

部门	基本工资	岗位工资	奖金	应发工资	养老保险	失业保险	医疗保险	住房公积金	代扣税	扣款合计	实发工资
行政管理人员	7800	1550	8300	17650	624	78	156	624	37.98	1519.98	16130.02
车间管理人员	1400	700	1500	3600	112	14	28	112		266.00	3334.00
甲产品工人	800		900	1700	64	8	16	64		152.00	1548.00
乙产品工人	800		900	1700	64	8	16	64		152.00	1548.00
销售部门人员	1700		1800	3500	136	17	34	136		323.00	3177.00
合计	12500	2250	13400	28150	1000	125	250	1000	37.98	2412.98	25737.02

领导审批：李中华　　　　　　复核：柳明阳　　　　　　制表：陈聪华

业务28

表5-76

工资分配汇总表

年　月　日　　　　　　　　　　　　　　　　　　　　　单位：元

科目 \ 部门		生产部	销售部	行政部	合　计
生产成本	甲产品				
	乙产品				
制造费用					
销售费用					
管理费用					
合　计					

复核：　　　　　　　　　　　　　　　　　　　　　　制表：

业务29

表5-77
外购动力分配表

年 月 日

使用部门	分配标准/度	分配率	分配金额/元
合 计			

复核: 制表:

业务30

表5-78
固定资产折旧计算表

年 月 日   单位:元

固定资产类别	原值	月折旧率	月折旧额
合 计			

复核: 制表:

业务31

表5-79
制造费用分配表

年 月 日   单位:元

项 目	分配标准	分配率	分配金额
合 计			

复核: 制表:

业务32-1

表5-80
产品成本计算单

产品名称：　　　　　　　　　年　月　日
完工产量：　　　　　　　　　　　　　　　　　　　　投料方式：
在产品数：　　　　　　　　　　　　　　　　　　　　完工程度：

成本项目	期初在产品	本月发生额	本月合计	约当产量	单位成本	完工产品总成本	期末在产品
直接材料							
直接人工							
制造费用							
合　计							

复核：　　　　　　　　　　　　　　　　　　　　　　制表：

业务32-2

表5-81
产品成本计算单

产品名称：　　　　　　　　　年　月　日
完工产量：　　　　　　　　　　　　　　　　　　　　投料方式：
在产品数：　　　　　　　　　　　　　　　　　　　　完工程度：

成本项目	期初在产品	本月发生额	本月合计	约当产量	单位成本	完工产品总成本	期末在产品
直接材料							
直接人工							
制造费用							
合　计							

复核：　　　　　　　　　　　　　　　　　　　　　　制表：

业务32-3

表5-82
产成品入库单

年　月　日

产品名称	计量单位	数量	单位成本	总成本
合　计				

收货人：　　　　　　　　　　　　　　　　　　　　　经办人：

业务33

表5-83

已销产品成本计算表

年　月　日

产品名称	计量单位	月初结存		本月入库		加权平均成本	本月销售		月末结存
		数量	金额	数量	金额		数量	金额	
		①	②	③	④	⑤=（②+④）÷（①+③）	⑥	⑦=⑤×⑥	⑧=②+④—⑦
合计									

复核：　　　　　　　　　　　　　　　　　　制表：

业务34

表5-84

增值税计算表

年　月　日　　　　　　　　　　　　　单位：元

项　　目	行次	金　额
本月销项税额	1	
本月进项税额	2	
本月进项税额转出	3	
上期留抵税额	4	
本月应交增值税额	5	

复核：　　　　　　　　　　　　　　　　　　制表：

业务35

表5-85

税费计算表

年　月　日　　　　　　　　　　　　　单位：元

税（费）种	计税基数			税（费）率	税（费）额
	增值税	消费税	合　计		
城市维护建设税					
教育费附加					
合　　计					

复核：　　　　　　　　　　　　　　　　　　制表：

业务37

表5-86

应交所得税计算表

年　月　日　　　　　　　　　　　　　　　　　单位：元

项　　目	金　　额	备　　注
会计利润		
减：不计入应纳税所得额的收益		
国库券利息收益		
分得税后利润收益		
加：不应抵减应纳税所得额支出		
罚没支出		
赞助支出		
超计税工资支出		
超标准业务招待费		
应纳税所得额		
适用税率		
应纳所得税额		

会计主管：　　　　　　　复核：　　　　　　　　　制单：

业务39

表5-87

提取盈余公积计算表

年　月　日　　　　　　　　　　　　　　　　　单位：元

项　　目	提取依据		提取比例	提取金额
	依据名称	依据金额		
合　　计				

审核：　　　　　　　　　　　　　　　　制表：

业务40

表5-88

分配利润计算表

年　月　日　　　　　　　　　　　　　　　　　单位：元

分配项目	计算依据		分配比例	分配金额
	依据名称	依据金额		
合　　计				

审核：　　　　　　　　　　　　　　　　制表：

六、实训结果提示

根据各项经济业务的原始凭证编制记账凭证(简表),如表5-89所示。

表5-89

记账凭证简表 单位:元

业务序号	2017年 月	日	凭证字号	摘 要	总账科目	明细科目	借方金额	贷方金额	附件
1	12	2	记1	材料验收入库,X材料1500千克@95.00,Y材料3500千克@53.00	原材料 原材料 在途物资	X材料 Y材料 云峰公司	142500.00 185500.00	328000.00	2
2	12	2	记2	补付购货款	预付账款 银行存款	云峰公司	283760.00	283760.00	1
3	12	3	记3	陈跃荣报销差旅费,并归还原借支款	销售费用 库存现金 其他应收款	差旅费 陈跃荣	2705.00 295.00	3000.00	6
4	12	4	记4	支付职工技术培训课酬	应付职工薪酬 库存现金	教育经费	500.00	500.00	1
4	12	4	记5	结转职工教育经费	管理费用 应付职工薪酬	教育经费 教育经费	500.00	500.00	
5	12	5	记6	购车间维修设备(经营租赁)零件	制造费用 库存现金	材料费	1215.00	1215.00	1
6	12	6	记7	支付产品广告费,支付招聘员工广告费	销售费用 管理费用 银行存款	广告费 广告费	4500.00 2000.00	6500.00	2
7	12	8	记8	赊销甲产品600个@1052,乙产品300个@603给奇力公司(销项税额)	应收账款 主营业务收入 主营业务收入 应交税费	奇力公司 甲产品 乙产品 应交增值税	950157.00	631200.00 180900.00 138057.00	1
8	12	8	记9	支付销售产品运输费(进项税额)	销售费用 应交税费 银行存款	运输费 应交增值税	2000.00 220.00	2220.00	2
9	12	10	记10	交社会保险费	应付职工薪酬 其他应收款 其他应收款 其他应收款 银行存款	社会保险费 养老保险费 失业保险费 医疗保险费	3910.10 1000.00 125.00 250.00	5285.10	1

续表

业务序号	2017年 月	2017年 日	凭证字号	摘要	总账科目	明细科目	借方金额	贷方金额	附件
9	12	10	记11	分配社会保险费计入成本费用	生产成本 生产成本 制造费用 销售费用 管理费用 应付职工薪酬	甲产品 乙产品 社会保险费 社会保险费 社会保险费 社会保险费	250.24 250.24 437.93 531.78 2439.91	3910.10	1
10	12	10	记12	缴住房公积金	应付职工薪酬 其他应收款 银行存款	住房公积金 住房公积金	1000.00 1000.00	2000.00	1
10	12	10	记13	分配住房公积金计入成本费用	生产成本 生产成本 制造费用 销售费用 管理费用 应付职工薪酬	甲产品 乙产品 住房公积金 住房公积金 住房公积金 住房公积金	64.00 64.00 112.00 136.00 624.00	1000.00	1
11	12	11	记14	支付生产车间租金	制造费用 银行存款	租金	5213.60	5213.60	2
12	12	13	记15	购包装物 （进项税额）	在途物资 应交税费 银行存款	万兴公司 应交增值税	12500.00 2125.00	14625.00	2
13	12	14	记16	包装物验收入库，R019型纸箱800个，@12.50（进项税额转出）	周转材料 待处理财产损溢 在途物资 应交税费	R019型纸箱 流动资产损溢 万兴公司 应交增值税	10000.00 2925.00	12500.00 425.00	1
14	12	14	记17	购材料 （进项税额）	在途物资 应交税费 银行存款	云峰公司 应交增值税	513206.00 86548.66	599754.66	4
15	12	15	记18	收到奇力公司8日赊销的货款	财务费用 银行存款 应收账款	现金折扣 奇力公司	16242.00 933915.00	950157.00	1
16	12	16	记19	材料验收入库，X材料3000千克@95.844，Y材料4000千克@56.4185	原材料 原材料 在途物资	X材料 Y材料 云峰公司	287532.00 225674.00	513206.00	2
17	12	16	记20	财务部购账簿	管理费用 库存现金	办公费	126.00	126.00	1

续表

业务序号	2017年 月	2017年 日	凭证字号	摘 要	总账科目	明细科目	借方金额	贷方金额	附件
18	12	18	记21	支付电费（进项税额）	应付账款 应交税费 银行存款	供电公司 应交增值税	87200.00 14824.00	102024.00	2
19	12	19	记22	林琳报销费用	管理费用 库存现金	招待费	602.00	602.00	1
20	12	20	记23	报废纸箱的处理	管理费用 其他应收款 待处理财产损溢	财产损失 众邦物流公司 流动资产损溢	585.00 2340.00	2925.00	1
21				原始凭证不符合规定，不能以此为依据编制记账凭证					
22	12	26	记24	赊销甲产品3000个@1042，乙产品5000个@596.00给奇力公司（销项税额）	应收账款 主营业务收入 主营业务收入 应交税费	奇力公司 甲产品 乙产品 应交增值税	7144020.00	3126000.00 2980000.00 1038020.00	1
23	12	31	记25	原材料盘亏 Y材料4千克，@54.655 （进项税额转出）	待处理财产损溢 原材料 应交税费	流动资产损溢 Y材料 应交增值税	255.79	218.62 37.17	1
24	12	31	记26	结转发出材料	生产成本 生产成本 管理费用 原材料 原材料 周转材料	甲产品 乙产品 材料费 X材料 Y材料 R019型纸箱	2018324.20 1296760.50 125.00	1619941.90 1694267.80 1000.00	13
25	12	31	记27	盘亏材料的处理	管理费用 待处理财产损溢	财产损失 流动资产损溢	255.79	255.79	1
26	12	31	记28	委托银行转发工资	应付职工薪酬 银行存款	工资	25737.02	25737.02	1
27	12	31	记29	结转工资结算中各种代扣款项	应付职工薪酬 其他应收款 其他应收款 其他应收款 其他应收款 应交税费	工资 养老保险费 失业保险费 医疗保险费 住房公积金 个人所得税	2412.98	1000.00 125.00 250.00 1000.00 37.98	1

续表

业务序号	2017年 月	2017年 日	凭证字号	摘 要	总账科目	明细科目	借方金额	贷方金额	附件
28	12	31	记30	分配工资费用	生产成本 生产成本 制造费用 销售费用 管理费用 应付职工薪酬	甲产品 乙产品 工资 工资 工资 工资	1700.00 1700.00 3600.00 3500.00 17650.00 	 28150.00	1
29	12	31	记31	分配电费	生产成本 生产成本 制造费用 管理费用 应付账款	甲产品 乙产品 电费 电费 供电公司	36480.00 47840.00 1104.00 1776.00 	 87200.00	1
30	12	31	记32	计提折旧	制造费用 管理费用 销售费用 累计折旧	折旧费 折旧费 折旧费 	21057.50 525.00 75.00 	 21657.50	1
31	12	31	记33	分配制造费用	生产成本 生产成本 制造费用	甲产品 乙产品 	17188.50 15551.53 	 32740.03	1
32	12	31	记34	结转完工产品成本，甲3000个@590.8626，乙4000个@314.3840	库存商品 库存商品 生产成本 生产成本	甲产品 乙产品 甲产品 乙产品	1772587.80 1257536.00 	 1772587.80 1257536.00	3
33	12	31	记35	结转已销产品成本，甲3600个@619.2245，乙5300个@332.0860	主营业务成本 主营业务成本 库存商品 库存商品	甲产品 乙产品 甲产品 乙产品	2229208.20 1760055.80 	 2229208.20 1760055.80	1
34	12	31	记36	（转出未交增值税）结转本月未交增值税	应交税费 应交税费	应交增值税 未交增值税	1014931.71 	 1014931.71	1
35	12	31	记37	计算营业税金及附加	税金及附加 应交税费 应交税费	应交城建税 应交教育费附加 应交教育费附加	101493.17 	 71045.22 30447.95	1
36	12	31	记38	结转益类	主营业务收入 主营业务收入 本年利润	甲产品 乙产品 	3757200.00 3160900.00 	 6918100.00	

续表

业务序号	2017年 月	2017年 日	凭证字号	摘要	总账科目	明细科目	借方金额	贷方金额	附件
36	12	31	记39	结转损类	本年利润 主营业务成本 主营业务成本 税金及附加 销售费用 管理费用 财务费用	甲产品 乙产品	4147655.65	2229208.20 1760055.80 101493.17 13447.78 27208.70 16242.00	
37	12	31	记40	计算本月所得税费用	所得税费用 应交税费	应交所得税	692611.09	692611.09	1
37	12	31	记41	结转所得税费用	本年利润 所得税费用		692611.09	692611.09	
38	12	31	记42	年终结转本年净利润	本年利润 利润分配	未分配利润	3415443.26	3415443.26	
39	12	31	记43	提取盈余公积	利润分配 盈余公积	提取盈余公积	341544.33	341544.33	1
40	12	31	记44	决定分配现金股利	利润分配 应付股利	分配现金股利	1584306.14	1584306.14	1
41	12	31	记45	结转利润分配明细账	利润分配 利润分配 利润分配	未分配利润 提取盈余公积 分配现金股利	1925850.47	341544.33 1584306.14	

附录　会计基础工作规范

（1996年6月17日　财政部财会字19号发布）

第一章　总　则

第一条　为了加强会计基础工作，建立规范的会计工作秩序，提高会计工作水平，根据《中华人民共和国会计法》的有关规定，制定本规范。

第二条　国家机关、社会团体、企业、事业单位、个体工商户和其他组织的会计基础工作，应当符合本规范的规定。

第三条　各单位应当依据有关法律、法规和本规范的规定，加强会计基础工作，严格执行会计法规制度，保证会计工作依法有序地进行。

第四条　单位领导人对本单位的会计基础工作负有领导责任。

第五条　各省、自治区、直辖市财政厅（局）要加强对会计基础工作的管理和指导，通过政策引导、经验交流、监督检查等措施，促进基层单位加强会计基础工作，不断提高会计工作水平。国务院各业务主管部门根据职责权限管理本部门的会计基础工作。

第二章　会计机构和会计人员

第一节　会计机构设置和会计人员配备

第六条　各单位应当根据会计业务的需要设置会计机构；不具备单独设置会计机构条件的，应当在有关机构中配备专职会计人员。事业行政单位会计机构的设置和会计人员的配备，应当符合国家统一事业行政单位会计制度的规定。设置会计机构，应当配备会计机构负责人；在有关机构中配备专职会计人员，应当在专职会计人员中指定会计主管人员。会计机构负责人、会计主管人员的任免，应当符合《中华人民共和国会计法》和有关法律的规定。

第七条 会计机构负责人、会计主管人员应当具备下列基本条件：

（一）坚持原则，廉洁奉公；

（二）具有会计专业技术资格；

（三）主管一个单位或者单位内一个重要方面的财务会计工作时间不少于2年；

（四）熟悉国家财经法律、法规、规章和方针、政策，掌握本行业业务管理的有关知识；

（五）有较强的组织能力；

（六）身体状况能够适应本职工作的要求。

第八条 没有设置会计机构和配备会计人员的单位，应当根据《代理记账管理暂行办法》委托会计师事务所或者持有代理记账许可证书的其他代理记账机构进行代理记账。

第九条 大中型企业、事业单位、业务主管部门应当根据法律和国家有关规定设置总会计师。总会计师由具有会计师以上专业技术资格的人员担任。总会计师行使《总会计师条例》规定的职责、权限。总会计师的任命（聘任）、免职（解聘）依照《总会计师条例》和有关法律的规定办理。

第十条 各单位应当根据会计业务需要配备持有会计证的会计人员。未取得会计证的人员，不得从事会计工作。

第十一条 各单位应当根据会计业务需要设置会计工作岗位。会计工作岗位一般可分为：会计机构负责人或者会计主管人员，出纳，财产物资核算，工资核算，成本费用核算，财务成果核算，资金核算，往来结算，总账报表，稽核，档案管理等。开展会计电算化和管理会计的单位，可以根据需要设置相应工作岗位，也可以与其他工作岗位相结合。

第十二条 会计工作岗位，可以一人一岗、一人多岗或者一岗多人。但出纳人员不得兼管审核、会计档案保管和收入、费用、债权债务账目的登记工作。

第十三条 会计人员的工作岗位应当有计划地进行轮换。

第十四条 会计人员应当具备必要的专业知识和专业技能，熟悉国家有关法律、法规、规章和国家统一会计制度，遵守职业道德。会计人员应当按照国家有关规定参加会计业务的培训。各单位应当合理安排会计人员的培训，保证会计人员每年有一定时间用于学习和参加培训。

第十五条 各单位领导人应当支持会计机构、会计人员依法行使职权；对忠于职守，坚持原则，做出显著成绩的会计机构、会计人员，应当给予精神的和物质的奖励。

第十六条 国家机关、国有企业、事业单位任用会计人员应当实行回避制度。单位领导人的直系亲属不得担任本单位的会计机构负责人、会计主管人员。会计机构负责人、会计主管人员的直系亲属不得在本单位会计机构中担任出纳工作。需要回避的直系亲属为：夫妻关系、直系血亲关系、三代以内旁系血亲以及配偶亲关系。

第二节　会计人员职业道德

第十七条　会计人员在会计工作中应当遵守职业道德，树立良好的职业品质、严谨的工作作风，严守工作纪律，努力提高工作效率和工作质量。

第十八条　会计人员应当热爱本职工作，努力钻研业务，使自己的知识和技能适应所从事工作的要求。

第十九条　会计人员应当熟悉财经法律、法规、规章和国家统一会计制度，并结合会计工作进行广泛宣传。

第二十条　会计人员应当按照会计法律、法规和国家统一会计制度规定的程序和要求进行会计工作，保证所提供的会计信息合法、真实、准确、及时、完整。

第二十一条　会计人员办理会计事务应当实事求是、客观公正。

第二十二条　会计人员应当熟悉本单位的生产经营和业务管理情况，运用掌握的会计信息和会计方法，为改善单位内部管理、提高经济效益服务。

第二十三条　会计人员应当保守本单位的商业秘密。除法律规定和单位领导人同意外，不能私自向外界提供或者泄露单位的会计信息。

第二十四条　财政部门、业务主管部门和各单位应当定期检查会计人员遵守职业道德的情况，并将其作为会计人员晋升、晋级、聘任专业职务、表彰奖励的重要考核依据。会计人员违反职业道德的，由所在单位进行处罚；情节严重的，由会计证发证机关吊销其会计证。

第三节　会计工作交接

第二十五条　会计人员工作调动或者因故离职，必须将本人所经管的会计工作全部移交给接替人员。没有办清交接手续的，不得调动或者离职。

第二十六条　接替人员应当认真接管移交工作，并继续办理移交的未了事项。

第二十七条　会计人员办理移交手续前，必须及时做好以下工作：

（一）已经受理的经济业务尚未填制会计凭证的，应当填制完毕。

（二）尚未登记的账目，应当登记完毕，并在最后一笔余额后加盖经办人员印章。

（三）整理应该移交的各项资料，对未了事项写出书面材料。

（四）编制移交清册，列明应当移交的会计凭证、会计账簿、会计报表、印章、现金、有价证券、支票簿、发票、文件、其他会计资料和物品等内容；实行会计电算化的单位，从事该项工作的移交人员还应当在移交清册中列明会计软件及密码、会计软件数据磁盘（磁带等）及有关资料、实物等内容。

第二十八条　会计人员办理交接手续，必须有监交人负责监交。一般会计人员交接，由单位会计机构负责人、会计主管人员负责监交；会计机构负责人、会计主管人员交接，由单位领导人负责监交，必要时可由上级主管部门派人会同监交。

第二十九条　移交人员在办理移交时，要按移交清册逐项移交；接替人员要逐项核对点收。

（一）现金、有价证券要根据会计账簿有关记录进行点交。库存现金、有价证券必须与会计账簿记录保持一致。不一致时，移交人员必须限期查清。

（二）会计凭证、会计账簿、会计报表和其他会计资料必须完整无缺。如有短缺，必须查清原因，并在移交清册中注明，由移交人员负责。

（三）银行存款账户余额要与银行对账单核对，如不一致，应当编制银行存款余额调节表，调节相符，各种财产物资和债权债务的明细账户余额要与总账有关账户余额核对相符；必要时，要抽查个别账户的余额，与实物核对相符，或者与往来单位、个人核对清楚。

（四）移交人员经管的票据、印章和其他实物等，必须交接清楚；移交人员从事会计电算化工作的，要对有关电子数据在实际操作状态下进行交接。

第三十条　会计机构负责人、会计主管人员移交时，还必须将全部财务会计工作、重大财务收支和会计人员的情况等，向接替人员详细介绍。对需要移交的遗留问题，应当写出书面材料。

第三十一条　交接完毕后，交接双方和监交人员要在移交注册上签名或者盖章，并应在移交清册上注明：单位名称，交接日期，交接双方和监交人员的职务、姓名，移交清册页数以及需要说明的问题和意见等。移交清册一般应当填制一式三份，交接双方各执一份，存档一份。

第三十二条　接替人员应当继续使用移交的会计账簿，不得自行另立新账，以保持会计记录的连续性。

第三十三条　会计人员临时离职或者因病不能工作且需要接替或者代理的，会计机构负责人、会计主管人员或者单位领导人必须指定有关人员接替或者代理，并办理交接手续。临时离职或者因病不能工作的会计人员恢复工作的，应当与接替或者代理人员办理交接手续。移交人员因病或者其他特殊原因不能亲自办理移交的，经单位领导人批准，可由移交人员委托他人代办移交，但委托人应当承担本规范第三十五条规定的责任。

第三十四条　单位撤销时，必须留有必要的会计人员，会同有关人员办理清理工作，编制决算。未移交前，不得离职。接收单位和移交日期由主管部门确定。单位合并、分立的，其会计工作交接手续比照上述有关规定办理。

第三十五条　移交人员对所移交的会计凭证、会计账簿、会计报表和其他有关资料的合法性、真实性承担法律责任。

第三章　会计核算

第一节　会计核算一般要求

第三十六条　各单位应当按照《中华人民共和国会计法》和国家统一会计制度的规定建立会计账册，进行会计核算，及时提供合法、真实、准确、完整的会计信息。

第三十七条 各单位发生下列事项时,应当及时办理会计手续、进行会计核算:

(一) 款项和有价证券的收付;

(二) 财物的收发、增减和使用;

(三) 债权债务的发生和结算;

(四) 资本、基金的增减;

(五) 收入、支出、费用、成本的计算;

(六) 财务成果的计算和处理;

(七) 其他需要办理会计手续、进行会计核算的事项。

第三十八条 各单位的会计核算应当以实际发生的经济业务为依据,按照规定的会计处理方法进行,保证会计指标的口径一致、相互可比和会计处理方法的前后各期相一致。

第三十九条 会计年度自公历1月1日起至12月31日止。

第四十条 会计核算以人民币为记账本位币。收支业务以外国货币为主的单位,也可以选定某种外国货币作为记账本位币,但是编制的会计报表应当折算为人民币反映。境外单位向国内有关部门编报的会计报表,应当折算为人民币反映。

第四十一条 各单位根据国家统一会计制度的要求,在不影响会计核算要求、会计报表指标汇总和对外统一会计报表的前提下,可以根据实际情况自行设置和使用会计科目。事业行政单位会计科目的设置和使用,应当符合国家统一事业行政单位会计制度的规定。

第四十二条 会计凭证、会计账簿、会计报表和其他会计资料的内容和要求必须符合国家统一会计制度的规定,不得伪造、编造会计凭证和会计账簿,不得设置账外账,不得报送虚假会计报表。

第四十三条 各单位对外报送的会计报表格式由财政部统一规定。

第四十四条 实行会计电算化的单位,对使用的会计软件及其生成的会计凭证、会计账簿、会计报表和其他会计资料的要求,应当符合财政部关于会计电算化的有关规定。

第四十五条 各单位的会计凭证、会计账簿、会计报表和其他会计资料,应当建立档案,妥善保管。会计档案建档要求、保管期限、销毁办法等依据《会计档案管理办法》的规定进行。实行会计电算化的单位,有关电子数据、会计软件资料等应当作为会计档案进行管理。

第四十六条 会计记录的文字应当使用中文,少数民族自治地区可以同时使用少数民族文字。中国境内的外商投资企业、外国企业和其他外国经济组织可以同时使用某种外国文字。

第二节 填制会计凭证

第四十七条 各单位办理本规范第三十七条规定的事项,必须取得或者填制原始凭证,并及时送交会计机构。

第四十八条 原始凭证的基本要求是:

(一) 原始凭证的内容必须具备:凭证的名称;填制凭证的日期;填制凭证单位名称

或者填制人姓名；经办人员的签名或盖章；接受凭证单位名称；经济业务内容；数量、单价和金额。

（二）从外单位取得的原始凭证，必须盖有填制单位的公章；从个人取得的原始凭证，必须有填制人员的签名或者盖章。自制原始凭证必须有经办单位领导人或者其指定的人员签名或者盖章。对外开出的原始凭证，必须加盖本单位公章。

（三）凡填有大写和小写金额的原始凭证，大写与小写金额必须相符。购买实物的原始凭证，必须有验收证明。支付款项的原始凭证，必须有收款单位和收款人的收款证明。

（四）一式几联的原始凭证，应当注明各联的用途，只能以一联作为报销凭证。一式几联的发票和收据，必须用双面复写纸（发票和收据本身具备复写纸功能的除外）套写，并连续编号。作废时应当加盖"作废"戳记，连同存根一起保存，不得撕毁。

（五）发生销货退回的，除填制退货发票外，还必须有退货验收证明；退款时，必须取得对方的收款收据或者汇款银行的凭证，不得以退货发票代替收据。

（六）职工公出借款凭据，必须附在记账凭证之后。收回借款时，应当另开收据或者退还借据副本，不得退还原借款收据。

（七）经上级有关部门批准的经济业务，应当将批准文件作为原始凭证附件；如果批准文件需要单独归档，应当在凭证上注明批准机关名称、日期和文件字号。

第四十九条 原始凭证不得涂改、挖补。发现原始凭证有错误的，应当由开出单位重开或者更正，更正处应当加盖开出单位的公章。

第五十条 会计机构、会计人员要根据审核无误的原始凭证填制记账凭证。记账凭证可以分为收款凭证、付款凭证和转账凭证，也可以使用通用记账凭证。

第五十一条 记账凭证的基本要求是：

（一）记账凭证的内容必须具备：填制凭证的日期；凭证编号；经济业务摘要；会计科目；金额；所附原始凭证张数；填制凭证人员、稽核人员、记账人员、会计机构负责人、会计主管人员签名或者盖章。收款和付款记账凭证还应当由出纳人员签名或者盖章。以自制的原始凭证或者原始凭证汇总表代替记账凭证的，也必须具备记账凭证应有的项目。

（二）填制记账凭证时，应当对记账凭证进行连续编号。一笔经济业务需要填制两张以上记账凭证的，可以采用分数编号法编号。

（三）记账凭证可以根据每一张原始凭证填制，或者根据若干张同类原始凭证汇总填制，也可以根据原始凭证汇总表填制。但不得将不同内容和类别的原始凭证汇总填制在一张记账凭证上。

（四）除结账和更正错误的记账凭证可以不附原始凭证外，其他记账凭证必须附有原始凭证。如果一张原始凭证涉及几张记账凭证，那么可以把原始凭证附在一张主要的记账凭证后面，并在其他记账凭证上注明附有该原始凭证的记账凭证的编号或者附原始凭证复印件。一张原始凭证所列支出需要几个单位共同负担的，应当将其他单位负担的部分，开给对方原始凭证分割单，进行结算。原始凭证分割单必须具备原始凭证的基本内容：凭证名称，填制凭证日期，填制凭证单位名称或者填制人姓名，经办人的签名或者盖章，接受凭证单位名称、经济业务内容、数量、单价、金额和费用分摊情况等。

（五）如果在填制记账凭证时发生错误，应当重新填制。已经登记入账的记账凭证，在当年内发现填写错误时，可以用红字填写一张与原内容相同的记账凭证，在摘要栏注明"注销某月某日某号凭证"字样，同时用蓝字重新填制一张正确的记账凭证，注明"订正某月某日某号凭证"字样。如果会计科目没有错误，只是金额错误，也可以将正确数字与错误数字之间的差额，另编一张调整的记账凭证，调增金额用蓝字，调减金额用红字。发现以前年度记账凭证有错误的，应当用蓝字填制一张更正的记账凭证。

（六）记账凭证填制完经济业务事项后，如有空行，应当自金额栏最后一笔金额数字下的空行处至合计数上的空行处划线注销。

第五十二条　填制会计凭证，字迹必须清晰、工整，并符合下列要求：

（一）阿拉伯数字应当一个一个地写，不得连笔写。阿拉伯金额数字前面应当书写货币币种符号或者货币名称简写和币种符号。币种符号与阿拉伯金额数字之间不得留有空白。凡阿拉伯数字前写有币种符号的，数字后面不再写货币单位。

（二）所有以元为单位（其他货币种类为货币基本单位，下同）的阿拉伯数字，除表示单价等情况外，一律填写到角分；无角分的，角位和分位可写00，或者符号"—"；有角无分的，分位应当写"0"，不得用符号"—"代替。

（三）汉字大写数字金额如零、壹、贰、叁、肆、伍、陆、柒、捌、玖、拾、佰、仟、万、亿等，一律用正楷或者行书体书写，不得用0、一、二、三、四、五、六、七、八、九、十等简化字代替，不得任意自造简化字。大写金额数字到元或者角为止的，在"元"或者"角"字之后应当写"整"字或者"正"字；大写金额数字有分的，分字后面不写"整"或者"正"字。

（四）大写金额数字前未印有货币名称的，应当加填货币名称，货币名称与金额数字之间不得留有空白。

（五）阿拉伯金额数字中间有"0"时，汉字大写金额要写"零"字；阿拉伯数字金额中间连续有几个"0"时，汉字大写金额中可以只写一个"零"字；阿拉伯金额数字元位是"0"，或者数字中间连续有几个"0"、元位也是"0"但角位不是"0"时，汉字大写金额可以只写一个"零"字，也可以不写"零"字。

第五十三条　实行会计电算化的单位，对于机制记账凭证，要认真审核，做到会计科目使用正确，数字准确无误。打印出的机制记账凭证要加盖制单人员、审核人员、记账人员及会计机构负责人、会计主管人员印章或者签字。

第五十四条　各单位会计凭证的传递程序应当科学、合理，具体办法由各单位根据会计业务需要自行规定。

第五十五条　会计机构、会计人员要妥善保管会计凭证。

（一）会计凭证应当及时传递，不得积压。

（二）会计凭证登记完毕后，应当按照分类和编号顺序保管，不得散乱丢失。

（三）记账凭证应当连同所附的原始凭证或者原始凭证汇总表，按照编号顺序，折叠整齐，按期装订成册，并加具封面，注明单位名称、年度、月份和起讫日期、凭证种类、起讫号码，由装订人在装订线封签外签名或者盖章。对于数量过多的原始凭证，可以单独装订保管，在封面上注明记账凭证日期、编号、种类，同时在记账凭证上注明"附件另订"和原始凭证名称及编号。各种经济合同、存出保证金收据以及涉外文件等重要原始凭证，应当另编目录，单独登记保管，并在有关的记账凭证和原始凭证上相互注明日期和编号。

（四）原始凭证不得外借，其他单位如因特殊原因需要使用原始凭证，经本单位会计机构负责人、会计主管人员批准，可以复制。向外单位提供的原始凭证复制件，应当在专设的登记簿上登记，并由提供人员和收取人员共同签名或者盖章。

（五）从外单位取得的原始凭证如有遗失，应当取得原开出单位盖有公章的证明，并注明原来凭证的号码、金额和内容等，由经办单位会计机构负责人、会计主管人员和单位领导人批准后，才能代作原始凭证。如果确实无法取得证明，如火车、轮船、飞机票等凭证，由当事人写出详细情况，由经办单位会计机构负责人、会计主管人员和单位领导人批准后，代作原始凭证。

第三节　登记会计账簿

第五十六条　各单位应当按照国家统一会计制度的规定和会计业务的需要设置会计账簿。会计账簿包括总账、明细账、日记账和其他辅助性账簿。

第五十七条　现金日记账和银行存款日记账必须采用订本式账簿，不得用银行对账单或者其他方法代替日记账。

第五十八条　实行会计电算化的单位，用计算机打印的会计账簿必须连续编号，经审核无误后装订成册，并由记账人员和会计机构负责人、会计主管人员签字或者盖章。

第五十九条　启用会计账簿时，应当在账簿封面上写明单位名称和账簿名称。在账簿扉页上应当附启用表，内容包括：启用日期、账簿页数、记账人员姓名和会计机构负责人姓名、会计主管人员姓名，并加盖名章和单位公章。记账人员或者会计机构负责人、会计主管人员调动工作时，应当注明交接日期、接办人员或者监交人员姓名，并由交接双方人员签名或者盖章。启用订本式账簿，应当从第一页到最后一页顺序编定页数，不得跳页、缺号。使用活页式账页，应当按账户顺序编号，并须定期装订成册。装订后再按实际使用的账页顺序编定页码。另加目录，记明每个账户的名称和页次。

第六十条　会计人员应当根据审核无误的会计凭证登记会计账簿。登记账簿的基本要求是：

（一）登记会计账簿时，应当将会计凭证日期、编号、业务内容摘要、金额和其他有关资料逐项计入账内；做到数字准确、摘要清楚、登记及时、字迹工整。

（二）登记完毕后，要在记账凭证上签名或者盖章，并注明已经登账的符号，表示已经记账。

（三）账簿中书写的文字和数字上面要留有适当空格，不要写满格，一般应占格距的二分之一。

（四）登记账簿要用蓝黑墨水或者碳素墨水书写，不得使用圆珠笔（银行的复写账簿除外）或者铅笔书写。

（五）下列情况，可以用红色墨水记账：

1. 按照红字冲账的记账凭证，冲销错误记录；

2. 在不设借贷等栏的多栏式账页中，登记减少数；

3. 在三栏式账户的余额栏前，如未印明余额方向，在余额栏内登记负数余额；

4. 根据国家统一会计制度的规定可以用红字登记的其他会计记录。

（六）各种账簿按页次顺序连续登记，不得跳行、隔页。如果发生跳行、隔页，应当将空行、空页划线注销，或者注明"此行空白""此页空白"字样，并由记账人员签名或者盖章。

（七）凡需要结出余额的账户，结出余额后应当在"借或贷"等栏内写明"借"或者"贷"等字样。没有余额的账户，应当在"借或贷"等栏内写"平"字，并在余额栏内用"Q"表示。现金日记账和银行存款日记账必须逐日结出余额。

（八）每一账页登记完毕结转下页时，应当结出本页合计数及余额，写在本页最后一行和下页第一行有关栏内，并在摘要栏内注明"过次页"和"承前页"字样；也可以将本页合计数及金额只写在下页第一行有关栏内，并在摘要栏内注明"承前页"字样。对需要结计本月发生额的账户，结计"过次页"的本页合计数应当为自本月初起至本页末止的发生额合计数；对需要结计本年累计发生额的账户，结计"过次页"的本页合计数应当为自年初起至本页末止的累计数；对既不需要结计本月发生额也不需要结计本年累计发生额的账户，可以只将每页末的余额结转次页。

第六十一条　实行会计电算化的单位，总账和明细账应当定期打印。发生收款和付款业务的，在输入收款凭证和付款凭证的当天必须打印出现金日记账和银行存款日记账，并与库存现金核对无误。

第六十二条　账簿记录发生错误，不准涂改、挖补、刮擦或者用药水消除字迹，不准重新抄写，必须按照下列方法进行更正：

（一）登记账簿时发生错误，应当将错误的文字或者数字划红线注销，但必须使原有字迹仍可辨认；然后在划线上方填写正确的文字或者数字，并由记账人员在更正处盖章。对于错误的数字，应当全部划红线更正，不得只更正其中的错误数字。对于文字错误，可只划去错误的部分。

（二）由于记账凭证错误而使账簿记录发生错误的，应当按更正的记账凭证登记账簿。

第六十三条　各单位应当定期对会计账簿记录的有关数字与库存实物、货币资金、有价证券、往来单位或者个人等进行相互核对，保证账证相符、账账相符、账实相符。对账工作每年至少进行一次。

（一）账证核对。核对会计账簿记录与原始凭证、记账凭证的时间、凭证字号、内容、金额是否一致，记账方向是否相符。

（二）账账核对。核对不同会计账簿之间的账簿记录是否相符，包括：总账有关账户的余额核对，总账与明细账核对，总账与日记账核对，会计部门的财产物资明细账与财产物资保管和使用部门的有关明细账核对等。

（三）账实核对。核对会计账簿记录与财产等实有数额是否相符，包括：现金日记账账面余额与现金实际库存数相核对；银行存款日记账账面余额定期与银行对账单相核对；各种财物明细账账面余额与财物实存数额相核对；各种应收、应付款明细账账面余额与有关债务、债权单位或者个人核对等。

第六十四条　各单位应当按照规定定期结账。

（一）结账前，必须将本期内所发生的各项经济业务全部登记入账。

（二）结账时，应当结出每个账户的期末余额。需要结出当月发生额的，应当在摘要栏内注明"本月合计"字样，并在下面通栏划单红线。需要结出本年累计发生额的，应当在摘要栏内注明"本年累计"字样，并在下面通栏划单红线；12月末的"本年累计"就是全年累计发生额。全年累计发生额下面应当通栏划双红线。年度终了结账时，所有总账账户都应当结出全年发生额和年末余额。

（三）年度终了，要把各账户的余额结转到下一会计年度，并在摘要栏注明"结转下年"字样；在下一会计年度新建有关会计账簿的第一行余额栏内填写上年结转的余额，并在摘要栏注明"上年结转"字样。

第四节　编制财务报告

第六十五条　各单位必须按照国家统一会计制度的规定，定期编制财务报告。财务报告包括会计报表及其说明。会计报表包括会计报表主表、会计报表附表、会计报表附注。

第六十六条　各单位对外报送的财务报告应当根据国家统一会计制度规定的格式和要求编制。单位内部使用的财务报告，其格式和要求由各单位自行规定。

第六十七条　会计报表应当根据登记完整、核对无误的会计账簿记录和其他有关资料编制，做到数字真实、计算准确、内容完整、说明清楚。任何人不得篡改或者授意、指使、强令他人篡改会计报表的有关数字。

第六十八条　会计报表之间、会计报表各项目之间，凡有对应关系的数字，应当相互一致。本期会计报表与上期会计报表之间有关的数字应当相互衔接。如果不同会计年度会计报表中各项目的内容和核算方法有变更，应当在年度会计报表中加以说明。

第六十九条　各单位应当按照国家统一会计制度的规定认真编写会计报表附注及其说明，做到项目齐全，内容完整。

第七十条　各单位应当按照国家规定的期限对外报送财务报告。对外报送的财务报告，应当依次编定页码，加具封面，装订成册，加盖公章。封面上应当注明：单位名称、单位地址、财务报告所属年度、季度、月度、送出日期，并由单位领导人、总会计师、会计机构负责人、会计主管人员签名或者盖章。单位领导人对财务报告的合法性、真实性负法律责任。

第七十一条　根据法律和国家有关规定应当对财务报告进行审计的，财务报告编制单位应当先行委托注册会计师进行审计，并将注册会计师出具的审计报告随同财务报告按照规定的期限报送有关部门。

第七十二条　如果发现对外报送的财务报告有错误，应当及时办理更正手续。除更正本单位留存的财务报告外，并应同时通知接受财务报告的单位更正。错误较多的，应当重新编报。

第四章　会计监督

第七十三条　各单位的会计机构、会计人员对本单位的经济活动进行会计监督。

第七十四条　会计机构、会计人员进行会计监督的依据是：

（一）财经法律、法规、规章；

（二）会计法律、法规和国家统一会计制度；

（三）各省、自治区、直辖市财政厅（局）和国务院业务主管部门根据《中华人民共和国会计法》和国家统一会计制度制定的具体实施办法或者补充规定；

（四）各单位根据《中华人民共和国会计法》和国家统一会计制度制定的单位内部会计管理制度；

（五）各单位内部的预算、财务计划、经济计划、业务计划等。

第七十五条　会计机构、会计人员应当对原始凭证进行审核和监督。对不真实、不合法的原始凭证，不予受理。对弄虚作假、严重违法的原始凭证，在不予受理的同时，应当予以扣留，并及时向单位领导人报告，请求查明原因，追究当事人的责任。对记载不明确、不完整的原始凭证，予以退回，要求经办人员更正、补充。

第七十六条　会计机构、会计人员对伪造、变造、故意毁灭会计账簿或者账外设账行为，应当制止和纠正；制止和纠正无效的，应当向上级主管单位报告，请求做出处理。

第七十七条　会计机构、会计人员应当对实物、款项进行监督，督促建立并严格执行财产清查制度。发现账簿记录与实物、款项不符时，应当按照国家有关规定进行处理。超出会计机构、会计人员职权范围的，应当立即向本单位领导报告，请求查明原因，做出处理。

第七十八条　会计机构、会计人员对指使、强令编造、篡改财务报告行为，应当制止和纠正；制止和纠正无效的，应当向上级主管单位报告，请求处理。

第七十九条　会计机构、会计人员应当对财务收支进行监督。

（一）对审批手续不全的财务收支，应当退回，要求补充、更正。

（二）对违反规定不纳入单位统一会计核算的财务收支，应当制止和纠正。

（三）对违反国家统一的财政、财务、会计制度规定的财务收支，不予办理。

（四）对认为是违反国家统一的财政、财务、会计制度规定的财务收支，应当制止和纠正；制止和纠正无效的，应当向单位领导人提出书面意见请求处理。单位领导人应当在接到书面意见起十日内做出书面决定，并对决定承担责任。

（五）对违反国家统一的财政、财务、会计制度规定的财务收支，既不予制止和纠正，又不向单位领导人提出书面意见的，也应当承担责任。

（六）对严重违反国家利益和社会公众利益的财务收支，应当向主管单位或者财政、审计、税务机关报告。

第八十条　会计机构、会计人员对违反单位内部会计管理制度的经济活动，应当制止和纠正；制止和纠正无效的，向单位领导人报告，请求处理。

第八十一条　会计机构、会计人员应当对单位制定的预算、财务计划、经济计划、业务计划的执行情况进行监督。

第八十二条　各单位必须依照法律和国家有关规定接受财政、审计、税务等机关的监督，如实提供会计凭证、会计账簿、会计报表和其他会计资料以及有关情况，不得拒绝、隐匿、谎报。

第八十三条　按照法律规定应当委托注册会计师进行审计的单位，应当委托注册会计师进行审计，并配合注册会计师的工作，如实提供会计凭证、会计账簿、会计报表和其他会计资料以及有关情况，不得拒绝、隐匿、谎报；不得示意注册会计师出具不当的审计报告。

第五章　内部会计管理制度

第八十四条　各单位应当根据《中华人民共和国会计法》和国家统一会计制度的规定，结合单位类型和内容管理的需要，建立健全相应的内部会计管理制度。

第八十五条　各单位制定内部会计管理制度应当遵循下列原则：

（一）应当执行法律、法规和国家统一的财务会计制度。

（二）应当体现本单位的生产经营、业务管理的特点和要求。

（三）应当全面规范本单位的各项会计工作，建立健全会计基础，保证会计工作的有序进行。

（四）应当科学、合理，便于操作和执行。

（五）应当定期检查执行情况。

（六）应当根据管理需要和执行中的问题不断完善。

第八十六条　各单位应当建立内部会计管理体系。主要内容包括：单位领导人、总会计师对会计工作的领导职责；会计部门及其会计机构负责人、会计主管人员的职责、权限；会计部门与其他职能部门的关系；会计核算的组织形式等。

第八十七条　各单位应当建立会计人员岗位责任制度。主要内容包括：会计人员的工作岗位设置；各会计工作岗位的职责和标准；各会计工作岗位的人员和具体分工；会计工作岗位轮换办法；对各会计工作岗位的考核办法。

第八十八条 各单位应当建立账务处理程序制度。主要内容包括：会计科目及其明细科目的设置和使用；会计凭证的格式、审核要求和传递程序；会计核算方法；会计账簿的设置；编制会计报表的种类和要求；单位会计指标体系。

第八十九条 各单位应当建立内部牵制制度。主要内容包括：内部牵制制度的原则；组织分工；出纳岗位的职责和限制条件；有关岗位的职责和权限。

第九十条 各单位应当建立稽核制度。主要内容包括：稽核工作的组织形式和具体分工；稽核工作的职责、权限；审核会计凭证和复核会计账簿、会计报表的方法。

第九十一条 各单位应当建立原始记录管理制度。主要内容包括：原始记录的内容和填制方法；原始记录的格式；原始记录的审核；原始记录填制人的责任；原始记录签署；传递、汇集要求。

第九十二条 各单位应当建立定额管理制度。主要内容包括：定额管理的范围；制定和修订定额的依据、程序和方法；定额的执行；定额考核和奖惩办法等。

第九十三条 各单位应当建立计量验收制度。主要内容包括：计量检测手段和方法；计量验收管理的要求；计量验收人员的责任和奖惩办法。

第九十四条 各单位应当建立财产清查制度。主要内容包括：财产清查的范围；财产清查的组织；财产清查的期限和方法；对财产清查中发现问题的处理办法；对财产管理人员的奖惩办法。

第九十五条 各单位应当建立财务收支审批制度。主要内容包括：财务收支审批人员和审批权限；财务收支审批程序；财务收支审批人员的责任。

第九十六条 实行成本核算的单位应当建立成本核算制度。主要内容包括：成本核算的对象；成本核算的方法和程序；成本分析等。

第九十七条 各单位应当建立财务会计分析制度。主要内容包括：财务会计分析的主要内容；财务会计分析的基本要求和组织程序；财务会计分析的具体方法；财务会计分析报告的编写要求。

第六章　附　则

第九十八条 本规范所称国家统一会计制度，是指由财政部制定、或者财政部与国务院有关部门联合制定、或者经财政部审核批准的在全国范围内统一执行的会计规章、准则、办法等规范性文件。本规范所称会计主管人员，是指不设置会计机构、只在其他机构中设置专职会计人员的单位行使会计机构负责人职权的人员。本规范第三章第二节和第三节关于填制会计凭证、登记会计账簿的规定，除特别指出外，一般适用于手工记账。实行会计电算化的单位，填制会计凭证和登记会计账簿的有关要求，应当符合财政部关于会计电算化的有关规定。

第九十九条 各省、自治区、直辖市财政厅（局）、国务院各业务主管部门可以根据本规范的原则，结合本地区、本部门的具体情况，制定具体实施办法，报财政部备案。

第一百条 本规范由财政部负责解释、修改。

第一百零一条 本规范自公布之日起实施。1984年4月24日财政部发布的《会计人员工作规则》同时废止。

参考文献

[1] 中华人民共和国财政部．会计基础工作规范［M］．北京：经济科学出版社，1996．
[2] 中华人民共和国财政部会计司．会计基础工作规范培训教材［M］．北京：经济科学出版社，2002．
[3] 中华人民共和国财政部．企业会计准则［M］．北京：经济科学出版社，2006．
[4] 企业会计准则研究专家组．企业会计准则——应用指南［M］．北京：中国财政经济出版社，2006．
[5] 缪启军．高等职业教育双证教材之会计专业系列——会计基础与实务［M］．上海：立信会计出版社，2007．
[6] 刘志娟．走向职业化高职高专"十一五"规划教材——会计基础［M］．北京：机械工业出版社，2011．
[7] 刘晓峰．基础会计模拟实训教程［M］．北京：机械工业出版社，2005．
[8] 刘雪清．企业会计模拟实训教程［M］．大连：东北财经大学出版社，2002．
[9] 王满亭．基础会计模拟实训教程［M］．北京：电子工业出版社，2008．
[10] 李新．基础会计模拟实训［M］．上海：立信会计出版社，2010．
[11] 罗保国．中等职业教育"十二五"规划教材——会计核算基本技术模拟实训［M］．杭州：浙江大学出版社，2012．